シリーズ「遺跡を学ぶ」095

東アジアに開かれた古代王宮

難波宮

積山 洋

新泉社

東アジアに開かれた古代王宮
―難波宮―

積山　洋

【目次】

装幀 新谷雅宣
本文図版 松澤利絵

第1章　難波宮の発見と山根徳太郎

1　幻の宮

日本古代の王宮といえば、飛鳥宮《あすかのみや》や平城宮《ならのみや》、平安宮《へいあんきゅう》などが有名だが、「難波宮《なにわのみや》」もまた史書にその名がよく登場することで知られている。『日本書紀』に出てくる孝徳天皇の「難波長柄《ながら》豊碕宮《とよさきのみや》」と、『続日本紀』にある聖武天皇の「難波宮」である。

『日本書紀』の難波宮は、飛鳥時代の六四五年（大化元）、蘇我蝦夷・入鹿を滅ぼした「乙巳《いっし》の変」にはじまる大化改新で難波に遷都したのち、六五二年（白雉《はくち》三）に完成した。その後、天武朝末の六八六年（朱鳥《しゅちょう》元）に火災で焼失したという。

『続日本紀』の難波宮は、その後四〇年をへた七二六年（神亀《じんき》三）に建設がはじめられた。聖武天皇は都である平城京にいながら、難波宮を核とするもうひとつの都として難波京《なにわきょう》を造営した。それは当時の東アジアの超大国・唐の複都制（都は長安と洛陽、のち太原も加わる）にならうものであった。

「宮《みや》」の語源は「御屋《みや》」といわれている。「御」は接頭語なので、本質的な意味は「屋」にある。つまり君主の住まいである宮室、王宮のことである。また「都《みやこ》」とは、「宮処《みやこ》」のことであり、宮室の所在地を示す。このように王権の所在地が都であり、宮はその核心部分である君主の宮室（王宮）だと整理することができる。

王宮は内外に誇示すべき王権の具体的姿であり、その構造には王の統治理念が色濃く反映するものである。そのことから、難波宮がどこにあり、どんな建物が、どう配置されていたのかについて、古くから多くの人が関心をもってきた。

今日では、飛鳥・奈良時代の難波

図1 ● 空からみた難波宮跡公園（南から、1997年撮影）
写真中央が復元された後期難波宮の大極殿基壇。右の住宅団地に1953年に鴟尾が出土した地点がある。この住宅団地や高速道路後方の建物群、左手前の整肢学院などはすでに撤去され、史跡に追加指定された。後方にみえるのは大阪城天守閣。

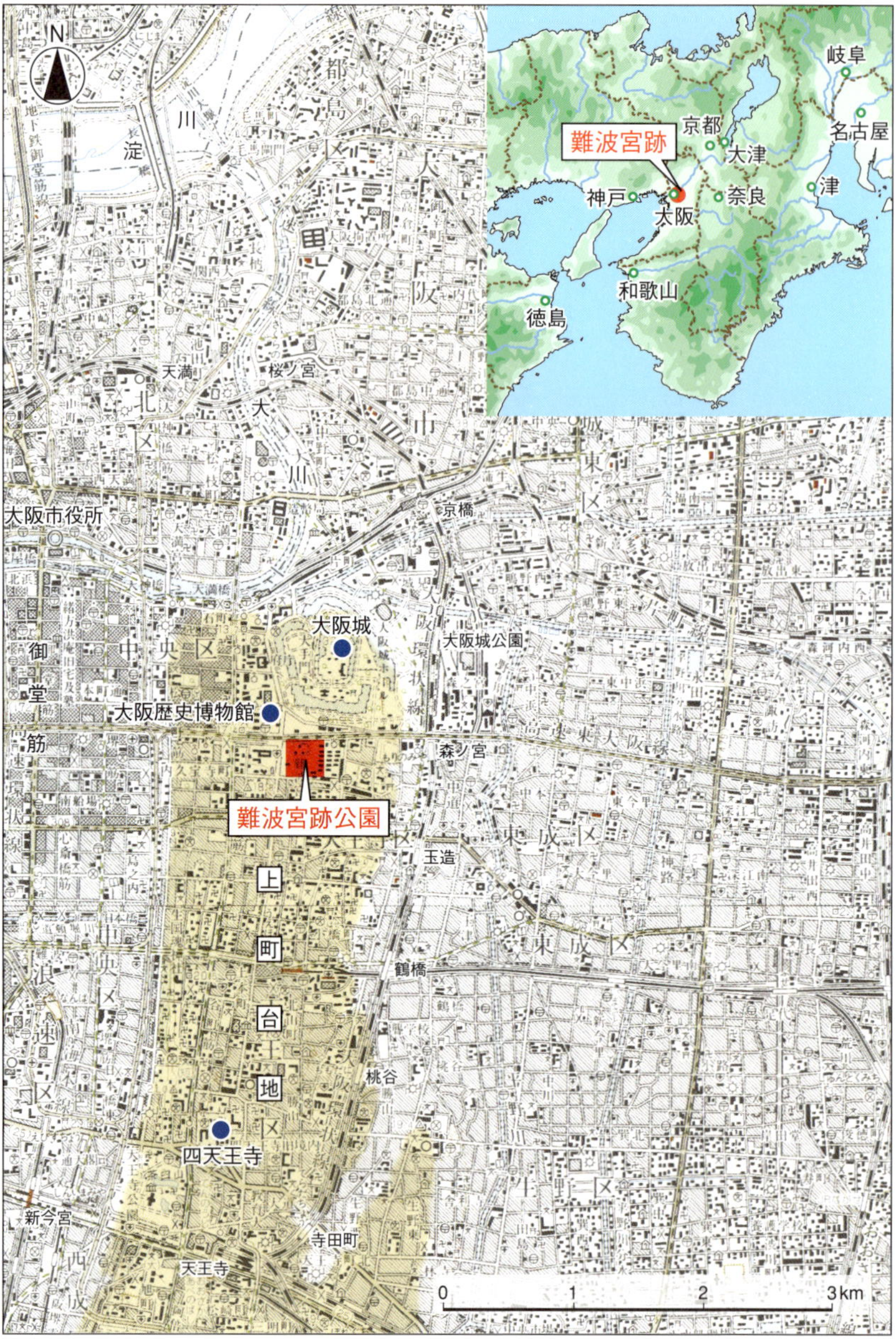

図2 ● 難波宮関連地図
難波宮がみつかったのは大阪城南側の大阪市中央区法円坂一帯で、そこは上町台地の北の端にあたる。

宮がいずれも現在の大阪城の南側、大阪市中央区法円坂《ほうえんざか》一帯の地にあったことは広く知られるようになった（図2）。しかし、難波宮がどこに造営されたのかは長い間知られておらず、法円坂の地と判明したのは一九五〇年代に発掘調査がはじまって以後である。それまで難波宮は「幻の宮」であった。

同じ場所につくられた前後二時期の宮室跡がこの地で発見されて以降は、古いほうの宮室を前期難波宮（飛鳥時代）、新しいほうを後期難波宮（奈良時代）とよんでいる。

なお本書では、『日本書紀』や『続日本紀』の記事を積極的に引用するが、歴代の大王《おおきみ》を一貫して「天皇」と称していることは『日本書紀』の明らかな潤色である。天皇号が明確に確認できるのは、飛鳥池遺跡出土の木簡により天武朝（六七二～六八六年）以後である。それ以前は不明ながら、古墳時代以来の「大王」号であった可能性が高い。ただ、本書では記述の都合上、天武以前の大王も天皇名で記述する。

また、伝統的な「倭」の国号が「日

図3 ● 山根徳太郎
ステッキは山根のトレードマークであった。

本」にかわるのは大宝年間（八世紀はじめ）以前にさかのぼる可能性があるが、本書では持統朝（六八七〜六九七年）までを「倭国」としておく。

それではさっそく難波宮発見のドラマをたどってみよう。

2 鴟尾の発見

鴟尾の発見

今からおよそ六〇年前、一九五三年のことである。法円坂の地は、かつて第八連隊をはじめ陸軍第四師団の敷地であったが、戦後は公有地となり住宅団地の建設が進んでいた（図1）。その工事現場で六〇代の学者の姿がしばしばみかけられた。大阪市立大学教授を定年で退官した歴史学者の山根徳太郎《やまねとくたろう》である（図3）。山根は工事関係者らに、古い瓦が出てきたら、それは難波宮のものなので知らせてほしいと頼んでまわっていた。

一一月四日、いつものように山根が法円坂を訪ねたところ、工事関係者がとりおいていた出土品をみせてくれた。それは縦五〇センチ、横四〇センチほどの大きな鴟尾《しび》の破片であった（図4右）。鴟尾とは瓦葺建物のてっぺんの両側にとりつける飾り瓦である。破片の大きさから推測して、本来の高さは軽く一メートルを超えようかという豪壮なものだ（図4左）。「これはきっと立派な御殿があったにちがいない」そう直感したと山根はのちに語っている。それほどの大きな発見であった。

山根はただちに上京し、一一月七日、埋蔵文化財行政の中心である国の文化財保護委員会（文部省内）にこの発見を報告、その足で東京大学で開かれていた史学会に向かい、並み居る知友らに鴟尾の拓本を披露した。著名な考古学者・藤田亮策《ふじたりょうさく》らの激励を受け、帰阪するやいなや発掘調査の体制づくりに着手する。そして翌五四年二月二〇日、鴟尾の発見地点に隣接した場所で記念すべき第一次調査を開始した。

　このように鴟尾の発見が直接の引き金となって一気に発掘調査へ突き進んだというのが、われわれ後学の常識であった。ところが最近、少し意外なことがあきらかになった。鴟尾の発見以前から発掘調査が計画されていたのだという。山根らが文化財保護委員会に申請した「発掘届」が同年九月九日付であり、大阪市立大学も大坂城址研究会あて「発掘担当者承諾書」を同年九月に出している。

図４●発見された鴟尾（右）**とその復元模型**（左）
発見された鴟尾は縦50㎝、幅40㎝。本体の基底部分。右側が鰭（ひれ）、中央に珠文がはがれた跡が残る。左の復元模型は大阪歴史博物館にて展示。復元高約120㎝。

ただ、その時点では実際にどこをどの程度の規模で発掘するのか未定だったらしい。山根が法円坂を歩きまわっていたのは、調査地点を絞り込むための具体的な情報を求めてのことだったようだ。そこへ、鴟尾の発見という願ってもない好運にめぐりあえたというのが実情らしい。かくして調査地点が決定し、計画がやっと始動したという次第であった。

軒丸瓦の発見

山根がこの地に難波宮があると確信していたのにはわけがある。話はさらにさかのぼる。

現在、法円坂を通過する阪神高速東大阪線と大坂城の間には、かつて陸軍第四師団被服支廠の大きな倉庫があった。一九一三年（大正二）、その建設工事に際して多量の古瓦が発見されていた。そのなかから残りのよい蓮華文《れんげもん》と重圏文《じゅうけんもん》の軒瓦を採集し、手許に保管していたのが、東京帝国大学で建築を学んだ陸軍技師・置塩章《おしおあきら》であった（図5）。

図5 ● 置塩章（左）**と山根徳太郎**（右）
1966年。置塩が難波宮の瓦を採集してから50年余の月日が流れていた。（撮影：中尾芳治）

この瓦が巷間に知られるようになったのはそれから三年後、府立大阪博物場美術館で皇室関係資料の一つとして展示されてからである。その際の『皇室関係大阪府郷土資料陳列目録』に、置塩みずからこの蓮華文・重圏文軒丸瓦（図6）に解説文を寄せ、それを奈良時代のものとし、「此古瓦発掘ヲ以テ聖武天皇難波宮址ヲ大阪城附近一帯ノ高地ト推定セル一説ノ考証資料ト為スニ足ルベキカ」と、控えめながらこの一帯を難波宮の所在地だと主張している。法円坂の地は上町《うえまち》台地上にあることから、この説は上町説とよばれた。

しかし当時の通説は下町説で、「長柄」「豊崎」の地名から、淀川沿いの低地に難波宮があったとみられていた。

山根徳太郎は一九一九年（大正八）、開館準備中の大阪市民博物館に勤務しており、展示品選定のために置塩を訪ね、この蓮華文と重圏文の軒丸瓦をはじめて実見した。

「一目でゾッとするほどうれしかった」という。実物資料のもつ力は強い。山根もまた上町説へと導かれ、くだんの瓦は同年開館の市民博物館に展示された。その後まもなく山根は大阪市をやめ、神戸第一

図6●重圏文軒瓦
通常の蓮華・唐草文の瓦と異なり、かなり個性的な瓦。
主に後期難波宮の大極殿院や朝堂院で出土する。

中学へうつる。だが、この瓦のことが深く胸中に刻まれた山根にとって、上町説は揺るぎない信念となり、後年の発掘調査につながったのである。

3 苦難の発掘調査

「難破した宮」「山根の宮」

こうして一九五四年二月に、難波宮の発掘調査がはじまった(図7)。

ところが、勇んで調査を開始したものの、当初は暗中模索の連続であった。三年間、五次にわたる調査は、鴟尾の出土地点付近を中心に点々と実施されたが、瓦が大量に出土し、立派な石組溝もみつかるなどの成果があったものの、肝心の宮殿の建物跡がはっきりしない。瓦葺建築であれば、当然、その柱をのせた礎石があったはずだが、これがなかなかみつからなかったのである。

重圏文軒瓦は平城京から遷都した長岡宮で出土していたこともあり、「あれは難波宮ではなく、平安時代の寺院だろう」などといわれ、なかには「難破した宮」「山根の宮」と揶揄《やゆ》する専門家もいた(のちに長岡宮の重圏文軒瓦は難波宮から運ばれたことが判明する)。

その頃、建築史の浅野清の助言があった。礎石建ちの建築だけでなく、地面に直接穴を掘って柱を建てる掘立柱《ほったてばしら》式の建物もあったはずだと。浅野は法隆寺若草伽藍《わかくさがらん》の発掘調査で、掘立柱式の殿舎群(斑鳩宮《いかるがのみや》)を発見するという貴重な経験をしていたのであった。

複廊の発見

一九五七年の第六次調査にいたって、奈良時代とみられる掘立柱が三列、南北に連なっているのが発見された（図8）。柱列はほぼ真南北の方位である。これは七、八次調査でもみつかり、方形にめぐる回廊の南北部分だと判明した。

この回廊は三つある柱列のうち、中央の柱列が壁であり、その左右に通路（廊）を設ける「複廊《ふくろう》」という形式である。大阪ではもっとも格式の高い寺院である四天王寺でさえ、中心伽藍の回廊は単廊（二列の柱列からなり、外側の柱列が壁で、通路は一つ）である。複廊の格の高さがよくわかる。この回廊は宮室の最重要殿舎である大極《だいごく》殿《でん》の四周をかこむ大極殿院回廊と予測された。

一九五八年の第一〇次調査では、これと直交する東西の複廊が南側で発見され、ただちにその交点の位置を調査し、回廊の東南隅が確認された。

また、第七～九次調査では、この複廊よりも時代の古い別の複廊と門が発

図7 ● 第1次調査でのトレンチ掘削のようす（1954年）
中央は初期の調査を指揮した藤原光輝。将来を嘱望されていたが、若くして病死した。

見された。しかも、柱の抜取穴には焼土がつまっていて、火災にあったことがわかる。これが『日本書紀』が伝える朱鳥元年の火災の痕跡とみられ、前期難波宮も同じ場所にあったと推測できることとなった。

資金難と山根の奔走

こうしてやっと、一定の見通しをもった調査が進みはじめたが、大きな困難にしばしば直面したという。それは調査資金である。文部省の科学研究費の交付を受けてはいたが足りようはずもなく、山根は浄財を求めて奔走した。

大阪市立大学や、その前身・旧制大阪商科大学、神戸一中の教え

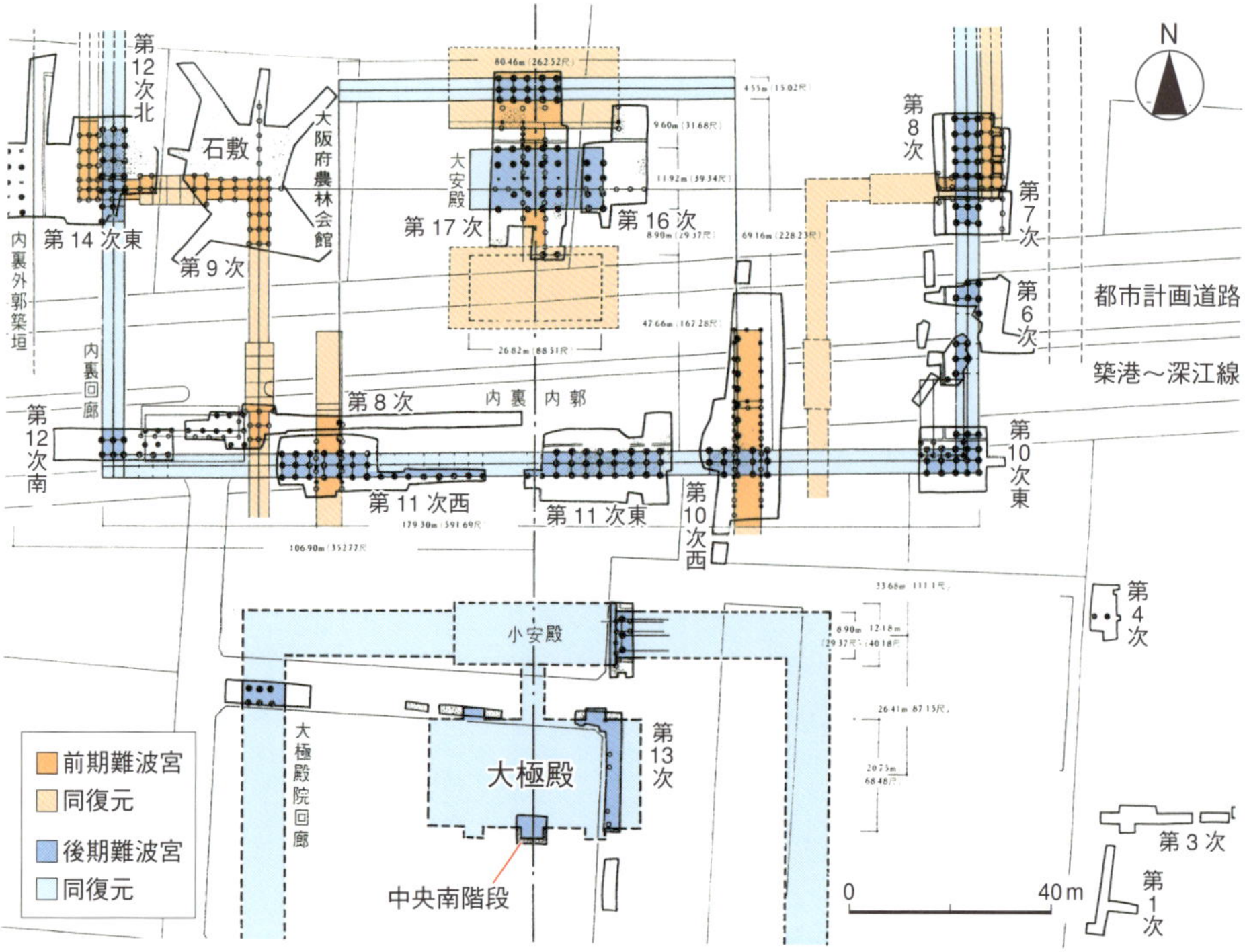

図8 ● 大極殿の発見
第1次から第17次調査までの結果を1枚に収めた図面。このなかの右上「第6次」が最初に複廊を発見した地点。それから第7・8次と続きをみつけ、第10次で回廊の東南隅が、第12次で西南隅が確認された。

子たち、有名企業らがつくる大阪工業会、青年会議所、新聞社など多方面からの資金援助もあったが、時には銀行に担保を入れて借金までしたという。このような山根の涙ぐましい努力が発掘調査を支えたのであった。山根の著書『難波の宮』には、困ったときに山根を応援し、あるいは相談相手となってくれた多くの人びとへの感謝の言葉が随所にちりばめられている。山根徳太郎はすぐれた組織者であるとともに、じつに気遣いの人でもあった。

一九六〇年度からは調査組織も衣がえし、大阪市長を会長とする「難波宮址顕彰会」が発足し、五カ年で一五〇〇万円の予算がついた。ようやく調査を継続する体制が整ったわけである。

4　ついに大極殿を発見

みつかったのは内裏

さて、回廊の東南隅が確定すると、つぎは西南隅をつきとめ、両者の中央に予想される大極殿院南門の発見へと課題が移った。そこで、第一一次調査はこの両方をねらって予想位置を発掘することとなった。ところが、この想定は完全にはずれてしまう。西南隅の予想位置で、この奈良時代の複廊は北へ折れずに、さらに西へとのびていた。中央の門も発見できなかった。予想はくつがえされたのである。

しかし、「仮説を立て、発掘して検証する」というそれまでの調査の基本に立ち返ると、まず、この回廊を大極殿院のものとする仮説の間違いを認めねばならなかった。そして、回廊があとどれくらい西へのびるのかを確かめねばならなかった。

それを目的として第一二次調査がおこなわれ、なんとか回廊の西端をみつけ、またそれが北へ折れていることを確認することができた。確定した回廊の東西規模は約六〇〇尺、これはいまに残る平安宮指図《さしず》や平城宮の例などからみて、天皇の住まいである「内裏《だいり》」の規模と判明したのである。一九六〇年夏のことであった。

つぎは大極殿を

内裏がわかった。しかし、大極殿の発見こそが、難波宮がまぎれもなくこの地にあったことを証明する。これがつぎの課題であった。

大極殿は、元日の朝賀《ちょうが》（元旦に君臣秩序を確認する儀式）や即位儀礼など宮廷の最重要行事の舞台となる宮室の公的空間であり、最上級の殿舎である。それは通常、内裏の南におかれた。だから、内裏の東西幅がわかれば、その中心線（中軸線）上の南に大極殿を予想することができる。

図9●大極殿の中央南階段跡（第13次調査）
右奥の大極殿基壇へ向かって徐々に高くなっている。周囲は石敷の旧地面。「狙って掘って」ずばりと当てた。すぐれた仮説の結果であった。

明けて一九六一年の二月、第一三次調査がスタートした。現場の指揮をとるのは第一〇次調査以来、建築史を専攻する澤村仁であった。まず中軸線の東約一五メートルの位置で、南北のトレンチ（調査溝）を南へ掘り進んだ。まもなく南北二カ所で大きな土壇《どだん》跡が発見された。南の土壇のほうが規模が大きい。

そこで南の土壇の北辺に沿って東西のトレンチを掘ると、中軸線をはさんで左右対称に階段跡がみつかった。北側から南へと土壇にのぼる階段である。そして最後に中軸線上で北へのぼる中央南階段をみつける（図9）。この土壇こそ大極殿の跡であった。ねらって掘って、ずばりと当てたのである。澤村は「仮説と検証」をものの見事にやってのけた。

はじめて発掘調査の鍬が入って七年の歳月が流れていた。第六次調査で複廊を発見して以後は、法円坂の遺跡を寺院跡などとみる人は減っていたと推測するが、ようやくここに後期難波宮の大極殿発見にたどりついた。世間も学界も、難波宮が上町台地北端の高台にあったことを認めるにいたる。山根の感慨は一入《ひとしお》であったにちがいない。

第2章　難波宮への道

1　難波古代史の曙

上町台地と難波宮下層遺跡

難波宮がみつかった上町台地は、大阪の中央を南から北へ半島状に貫く丘陵である（図10）。古代、その西側は海に面して砂州が南北につづき、東側は「河内湖《かわちこ》」（万葉集では「草香江《くさかえ》」とも）とよんでいる水域と湿地帯が広がっていた。北端部の標高はわずか二三メートル程度にすぎないが、大阪の最高所にあたる。この地は、西は大阪湾から瀬戸内海、さらには朝鮮半島へと通じ、北には近畿の二大河川である大和川と淀川が流れこみ、南方へは陸路が開かれるといった水陸交通の結節点ともいうべき位置にある。

古代王権のお膝元であった大和・山背《やましろ》・河内・摂津・和泉を「畿内」とよぶが、難波はその表玄関ともいうべき地であり、古来、中国大陸や朝鮮半島からやってくる新しい文化はみな難波を経由して畿内各地へと広がっていった。

難波宮の調査にともない、上町台地の北端には、難波宮以前から継続して人間活動の跡が残されていることが判明した。これが難波宮下層遺跡であり、古墳時代中期を起点として、難波宮が建設される七世紀まで絶えることなく竪穴建物や掘立柱建物が発見されている。難波の古代史は、この遺跡をもってはじまるといってもよい。

法円坂倉庫群

難波宮下層遺跡では、これまでに約二〇〇棟の建物跡が発見されているが、その起源として注目されるのが、上町谷《うえまちたに》窯《よう》と法円坂倉庫群である。上町谷窯は朝鮮半島から渡来した

図10 ● 古代の上町台地と難波宮
南北に長い半島状の丘陵である上町台地の北端に難波宮と難波宮下層遺跡があり、その北側に難波堀江・難波津があった。

ばかりの初期須恵器《すえき》という陶器を焼いた窯だが、長くは続かなかったらしい。

一方、法円坂倉庫群は計一六棟の掘立柱建物が東西二群に分かれ、整然と並んで発見されている（図11）。現在、大阪歴史博物館とNHK大阪放送局が建つ敷地である。建物はいずれも碁盤目状に多数の柱を立てた高床《たかゆか》倉庫で、東西約一〇メートル・南北約九メートルの同一構造・同一規模である（図12）。倉庫群としては古墳時代で最大の規模だ。しかも古墳時代ではほかに例のない正方位（真東西）で建てられている。

倉庫群の年代は、五世紀後半の竪穴建物と重なっており、それより古いことがわかった。現場を担当していた私は驚いたものである。建物の柱穴や周辺から出土した須恵器の年代から、五世紀前半に建設された可能性が高い。

図11 ● 法円坂倉庫群の発掘調査（西から）
16棟発見されたうちの10棟（手前に6棟、奥に4棟）。それぞれ碁盤目状に柱穴があり、高床倉庫だったことがわかる。

難波堀江と難波津

なぜ、この地に大規模な倉庫群がつくられたのだろうか。多くの物資を蓄える「クラ」は水運と密接な関係がある。江戸時代の大坂には中之島の川沿いに全国諸藩の蔵屋敷が集中したように、法円坂倉庫群も水運に関連した施設と考えられる。

ここから北約七〇〇メートルの地には、西の大阪湾と、淀川・大和川が乱流する東の湿地帯をつなぐ「難波堀江《なにわのほりえ》」が開削されていて、西手には王権の港である「難波津《なにわつ》」がおかれたとされている（図10・13参照）。大規模倉庫群は難波津と関係した施設であったろう。

堀江と津と倉庫群の一体的な開発事業には、相当量の労働力が必要であった。それができたのは、瀬戸内水運のターミナルとして、さらには朝鮮半島との交渉の窓口としてこの地に拠点を必要とした当時の倭王権をおいてほ

図12 ● 5世紀の復元倉庫（南から）
現地にて復元。柱はすべて原位置の上に建つ。東西10m、南北9mの画一的なサイズ。扉も他遺跡の出土例から復元した。後方は大阪歴史博物館。

かにないだろう。つまり難波の古代史は、最初から王権の歴史に直結し、その直轄地としてスタートしたのである。出土遺物の点でも、上町谷窯の初期須恵器に加え、朝鮮半島の系譜をひく韓式系《かんしきけい》土器《どき》が出土することは、難波古代史のはじまりに朝鮮半島からの渡来人が関係していたことを示すものである。

2　古代難波の発展

ふたたび増える建物

その後、この倉庫群は廃絶したか、またはよそへ移転したようで継続していない。それと前後して倉庫群の東方では、竪穴建物からガラス玉の鋳型が出土しており、ガラス工芸など手工業の展開がみられる。その後も五世紀を通じてこの地では竪穴建物が継続して営まれるが、発見例はまだ数棟しかない。

　さらにその後、法円坂倉庫群の敷地では掘立柱建物が少なくとも六九棟みつかっている（図14）。そのう

図13●法円坂倉庫群と難波津（画：植木 久）
北からの想像復元画。手前に「難波堀江」。

図 14 ● 5 世紀後半～ 7 世紀中頃までの難波の変遷
法円坂倉庫群の廃絶後、いったん小規模化するが、6 世紀を通じて規模を拡大し、人びとの大規模な集住がつづく。

ち三七棟の年代推定が可能で、六世紀初頭〜後半の半世紀以上の期間におさまる建物は一二棟である。この比率で年代不明の残りの建物を推計すると一〇棟で、合計二二棟となる。この間に土器の型式は三時期の変遷をしているので、同時期に建っていたのはこの三分の一程度、七棟前後と思われ、五世紀の竪穴建物よりは増加している。

ついで、六世紀末〜七世紀初めの建物が一〇棟ある。同じ方法で推計すると合計一九棟となるが、この時期はかなり短期間（土器の一型式）であり、その多くが同時に存在した可能性が高い。つまり、建物は大きく増加したことになる。

七世紀前半の建物群と寺院建設

ひき続いて七世紀前半代に位置づけられる建物は一五棟あり、同様の推計では合計二八棟となる。だが、この期間は土器型式では二時期なので、この半分程度が同時にあったとみられる。機械的に割れば一四棟となり、前代にくらべると減ったかにみえるが、別の地点では七世紀前半の建物が多くみつかることもあり、おそらく実態としてはそう大きな変化は

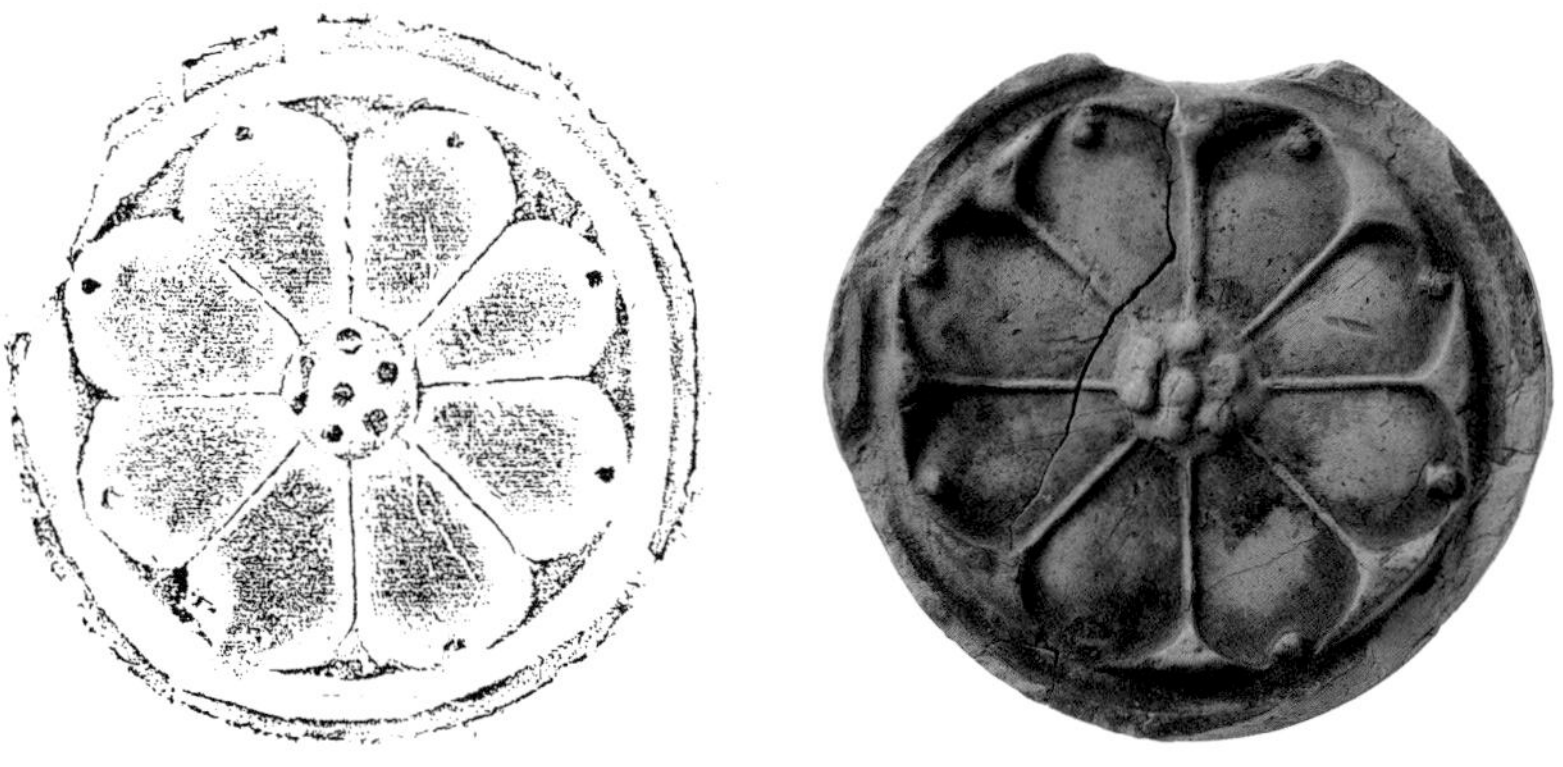

図15 ● 四天王寺創建瓦（左）**と難波宮下層遺跡出土の同范瓦**（右）
四天王寺の創建瓦の文様を刻んだ木製の型（范）は、法隆寺の瓦に使ったのち、四天王寺のために用いたと判明している。これと同じ瓦が難波宮下層遺跡などで出土し、各地で寺院建設が進んだことがわかる。

なかったと思う。

このように、難波宮下層遺跡は、倉庫群の廃絶後、いったん小規模化したのち、六世紀を通じてその規模を拡大し、六世紀末～七世紀初頭、つまり推古朝（五九三～六二八年）の頃にほぼピークに達し、人びとの大規模な集住がつづく。その規模は東西約一キロ、南北約一・五キロにおよんでいた。

七世紀に入ると難波では仏教寺院の建設がはじまる（図15）。難波宮の南方二・五キロ足らずの四天王寺では、金堂や塔の軒瓦が葺かれ、伽藍の建設が進んでいたようである。七世紀前半の瓦は難波宮下層遺跡、森の宮遺跡、細工谷《さいくだに》遺跡（図36・37参照）、大坂城下町跡下層などで出土し、寺院建設の進展がこの時期の特徴となっている。

3　激動する東アジアと国際都市・難波

外交機関・難波館

さて、この六～七世紀の難波のようすを『日本書紀』から引いてみよう。

五一二年（継体六）には、「難波館《なにわのむろつみ》」が初めて登場する。難波館は外交使の官舎であり、このときは百済の使者が滞在していた。百済は隣接する加耶地域の「任那」四県を割譲するよう倭国に求めて使いを出したという。

五三四年（安閑元）には、大和の小墾田屯倉《おはりだのみやけ》、河内の桜井屯倉とともに「難波屯倉《なにわのみやけ》」を設置した記事がある。屯倉とは大王家が領有した政治・経済の拠点であり、そのなかでも難波屯倉は新羅の王子・天日槍《あめのひぼこ》の末裔との伝承をもつ三宅連《みやけのむらじ》氏が経営に関与し、海外交通・運輸などの機能を有していたとされる。

五四〇年（欽明元）には、欽明天皇による「難波祝津宮《はふりつのみや》」への行幸の記事がある。

さらに五六一年（欽明二二）には、「難波大郡《なにわのおおごおり》において諸蕃を次序す」とある。「次序」とは一種のランクづけであり、このとき新羅は百済の下位に列せられたため、新羅使が怒って帰国し、外交問題にまでなったという。この難波大郡も外交施設とされている。また五七〇年（欽明三一）には、はじめて来訪した高句麗使が北陸側に上陸したにもかかわらず、出迎えの使者は難波津から遣わされ、飾り船が淀川をさかのぼって近江に至っている。当時の難波は日本海側の外交にまで関与していたらしい。

以上の『日本書紀』の記事は、どこまで事実であるか不明ながら、難波に各種の外交施設がおかれていたことはおそらく確かであろう。

図16 ● 日羅の墓伝承地の石碑
日羅は倭人の父をもつ百済の官人で、583年（敏達12）、倭国の強い求めにより来朝したが、難波館に滞在中、百済側に暗殺され、「小郡の西の畔の丘の前」に葬られたという。

隋唐、朝鮮三国の使者たち

さらに、七世紀の難波に関する『日本書紀』の記事をみよう。

六〇八年（推古一六）、遣隋使小野妹子の帰国とともに来訪した隋使・裴世清のために「新館を難波の高麗館の上に造る」とあり、隋使の難波到着の際は「飾船三〇艘を以て客等を江口にて迎え、新館に安置す」とある。「難波館」は「三韓館」ともよばれ、「高麗（高句麗）館」「百済客館堂」などが設けられたが、このときはじめての中国からの使者に対して「新館」が建設され、国をあげて難波津で彼らを迎えたのである。隋使は帰国の際にも「難波大郡」でもてなされた。

六一三年（推古二一）には「難波より京へ至る大道《おおち》を置く」とあり、難波と飛鳥（小墾田宮）を結ぶ官道の整備がおこなわれている。外交使の往来に備えての官道整備であろう。

六三二年（舒明四）には隋の滅亡（六一八）後、初の遣唐使の帰国とともに、唐使・高表仁が来訪、難波津にいたり、江口にて迎えられる。朝廷は船三二艘、鼓吹《こすい》、旗幟《きし》で飾り、難波「館」に案内している。

皇極朝になると朝鮮三国間の争いが激化し、その波動は倭国にもおよび、外交使の往来も増えてくる。この最初の例が六四二年（皇極元）に相次いで来朝した百済使と高句麗使である。彼らはそれぞれ自国の政変を伝え、二月二二日、ともに「難波郡《なにわのこおり》」で饗応を受けている。彼らと入れ替わるように、翌三月には新羅使が来朝している。長く抗争を続ける三国はいずれも倭国との友好関係を必要としたのである。当然、難波の外交的役割はさらに高くなったであろう。

国際都市の成立

近年、難波宮下層遺跡を「難波屯倉」とみなす見解が出ている。先行する法円坂倉庫群をどうとらえるのかという課題が残るが、難波宮下層遺跡がたんなる古代集落でないことは確かであり、多様なあり方が想定される屯倉のうちの、ひとつの姿とみるのがもっともわかりやすい。屯倉を核とする大規模な集住、外交などの国家機関、寺院などが集中する難波の地は、屈指の古代都市であったといってよい。しかし、それだけではない。

七世紀に入ると難波では、新羅土器や百済土器が出土するようになる（図17）。その土器には壺類が多いが、食器や炊飯具という生活道具もあり、朝鮮半島から渡来人がやってきたことを具体的に示すものである。このように外交機関が集中し、渡来人たちが住む難波は、倭国で

図17 ● 新羅土器（上）**と百済土器**（下）
上と同様の土器が新羅の領域（韓国慶尚南道など）で出土し、下と同様の土器が百済の領域（韓国忠清道、全羅道など）で出土している。

はじめて成立した国際都市だったのである。

4　難波宮の造営へ

戦争と内乱の周期

さて、朝鮮半島では高句麗・百済・新羅の三つ巴の抗争が長く続いていたが、六四〇年代になると超大国・唐が介入し、東アジアは大規模な動乱に突入する（図18）。

六一八年に建国した唐は、朝鮮三国がそろってその冊封体制下にあったとはいえ、隋滅亡の大きな要因となった高句麗遠征の失敗を忘れるはずがない。六四〇年頃からは親新羅路線に傾斜して高句麗・百済に警告を発し、圧力をかけていく。

六四二年の高句麗における泉蓋蘇文《せんがいそぶん》のクーデタと国政掌握、六四一年に即位した百済の義慈王の専制開始と新羅侵攻は、唐の圧力に抗して、生き残りをかけた両国における権力集中であった。六四三年、この両国は敵対関係を捨て、和親する。それは「反唐」を意味した。

そして六四四年にはじまる唐の高句麗遠征という事態は、東アジアの動乱を決定的に拡大した。少し遅れるが新羅でも、六四七年には最高位の官職についていた毗曇《ひどん》が善徳女王の排斥を唱えて反乱を起こし、鎮圧されたものの、唐の大樹によりつつ生き残りを図るという親唐路線を明確にした。

伝統的に親百済政策をとってきた倭国にとって、新羅と結んで大軍を高句麗に差し向けた唐は、いまや大きな脅威となった。高句麗が滅べば、和親した百済が危ない。そして、そのつぎは……という危機を予測し、東アジア国際社会に生き残るための前途を開かねばならなかった。

乙巳の変と大化改新

このような重大な課題に対する答えが、権勢を誇示する蘇我氏（本宗家）を滅ぼし、大王家による中央集権国家を確立するという倭国なりの権力集中であった。大王家にとって代わらんばかりの蘇我氏の専横ぶりは、古墳時代以来の古い氏族制の上に立つ王権がすでに限界にきたことを示していた。

迫りくる国難の危機を乗り越えるためには、百済の義慈王が目指したように、倭王の下に権力を統合し、国制改革を断行せねばならない。かくしてクーデタ（乙巳の変）の計画が水面下

図18 ● 7世紀の東アジア
640年代は唐・新羅連合対高句麗・百済連合という関係が次第に明瞭になっていく時期である。

で進行したのである。

六四五年（大化元）は、史上に知られる大化改新が始まった年である。その六月一二日、飛鳥板蓋宮《いたぶきのみや》で中大兄皇子や中臣鎌足らが蘇我入鹿を暗殺し、翌日、父である蘇我蝦夷は自害した。蘇我本宗家は滅ぼされ、一四日には皇極女帝も退位する。これが乙巳の変である。

このとき新たに即位した孝徳（皇極の弟）は、その年の一二月、難波遷都を断行する。六四七年（大化三）、一三階の冠位制が定められ、難波小郡宮《おごおりのみや》が造営された。官人らには毎日、日の出とともに出勤し、昼どきに帰るという朝参が義務づけられた。飛鳥では蘇我氏らによって朝参がないがしろにされたのにくらべ、官僚機構の改革は大きく進んだ。

六四九年（大化五）には評制が施行され、国―評《こおり》―五十戸《さと》という全国支配体制が成立するとともに、冠位制は一九階にあらためられ、新たな王宮の造営がはじまった。これが、六五二年（白雉三）に完成した難波長柄豊碕宮、つまり前期難波宮である。

「其の宮殿の状、殫《ことごと》に論ずべからず」（宮殿の様子は言い難いほど立派であった）と『日本書紀』に記録されたように、かつてない壮麗な宮殿が建設されたのである。

なお、以上のような近年の通説に対し、ごく最近、豊碕宮の建設や評制の施行が六四九年をさかのぼるという見解も出はじめたが、もしそうであるなら、なおのこと難波遷都の意義は高く評価されることになるだろう。

第3章　姿をあらわした難波宮

1　唐長安城の宮室を模倣

大規模な宮殿

ここでは、前期難波宮がどのような王宮だったのかをみていこう。

まず前期難波宮の建物で特徴的なことは、礎石の上に柱を立て、屋根に瓦をのせる瓦葺建築ではなく、地面に掘った穴に直接柱を立てる掘立柱建物で、屋根は板材や檜皮《ひわだ》などで葺いていたことである。

図19は発掘調査の成果をもとに作成した前期難波宮の配置図である。宮域は内裏、朝堂院《ちょうどういん》から宮城南門にいたる中心部と、その東西の官衙《かんが》域（官庁街）からなり、全体の規模は東西、南北とも六五〇メートルほどと、それまでにない大規模な王宮だった。さらに南西の外側でも建物群がみつかり、宮域はもっと広かったという意見もある。

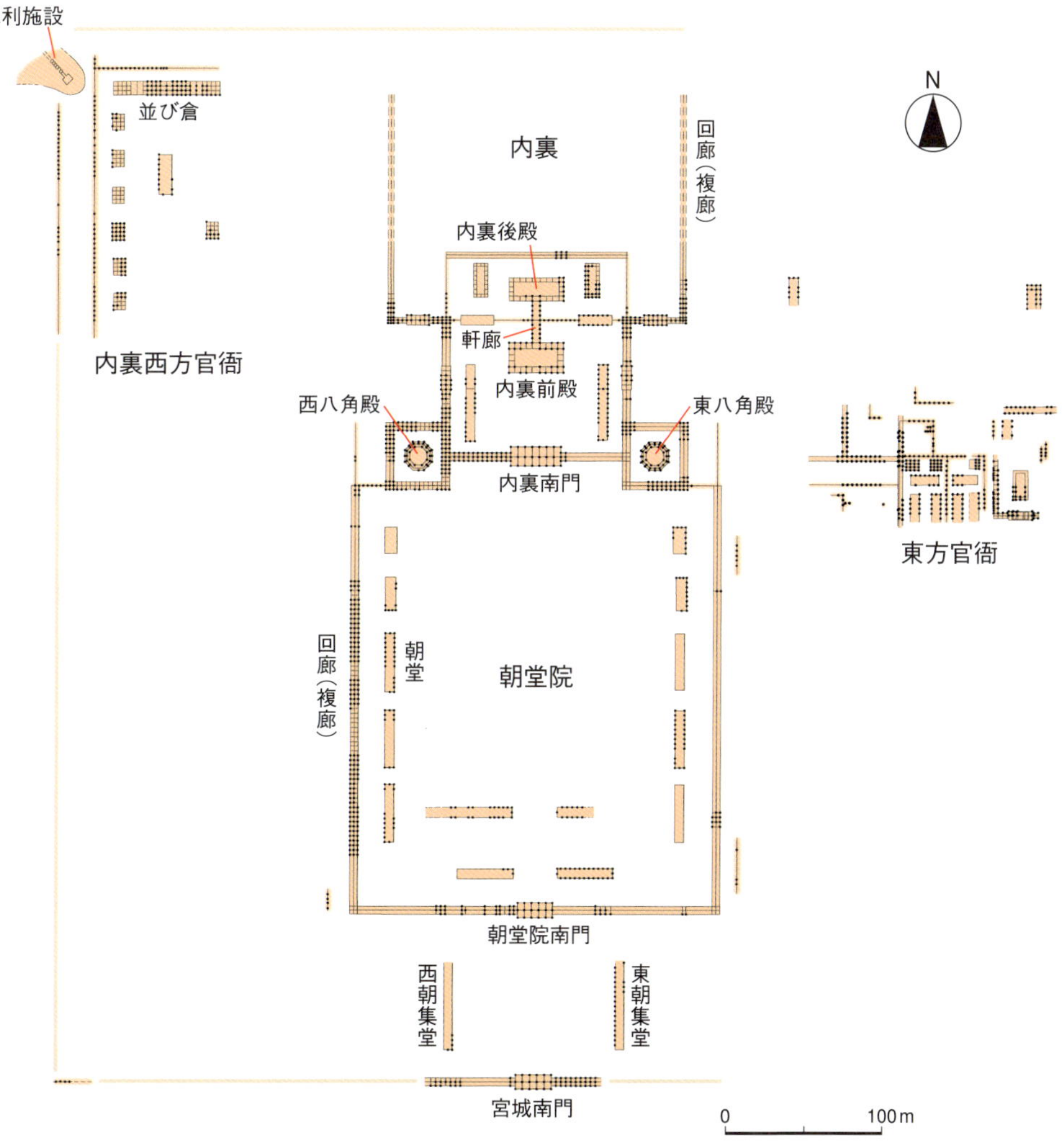

図 19 ● **前期難波宮復元図**
前期難波宮は東西・南北とも約 650 m と、それ以前にくらべて一挙に巨大化した。

中国風の宮室プラン

前期難波宮の従来の王宮にない特質の第一は、唐の宮室の設計思想をとりいれたことである。中心部の内裏・朝堂院、またその南の東西朝集堂《ちょうしゅうどう》、宮城南門にいたる配置は、ひと目でわかるように南北の中軸線を基準とする左右対称である。朝堂院は日本独自のものだが、内裏から南へのびる軸線上に王宮を統合する設計は、魏晋南北朝（三〜六世紀）以来、中国の伝統であり、難波宮はこれをとりいれたのである。建築に際しての寸法も、一尺＝二九・二センチ前後の唐大尺が採用されている。

『日本書紀』によると、推古朝の小墾田宮では、「両手を以て地を押し、両脚は跪《ひざまず》」いて宮門を出入りするという倭国固有の「跪礼《きれい》」や「匍匐礼《ほふくれい》」がおこなわれていたのに対して、難波宮ではじめて中国的な「立礼」がおこなわれた（難波朝庭之立礼）という。これも中国の伝統をとりいれたことと一体のものといえよう。

2 内裏の一新

大王の公的空間、内裏前殿

第二の特質は、王宮の正殿にあたる内裏前殿《ぜんでん》がつくられたことである。

内裏は塀や築地《ついじ》、回廊などでかこまれた天皇の居住空間である（図20）。第1章でみた複廊という格式の高い回廊でかこまれている。地面は小石敷である。

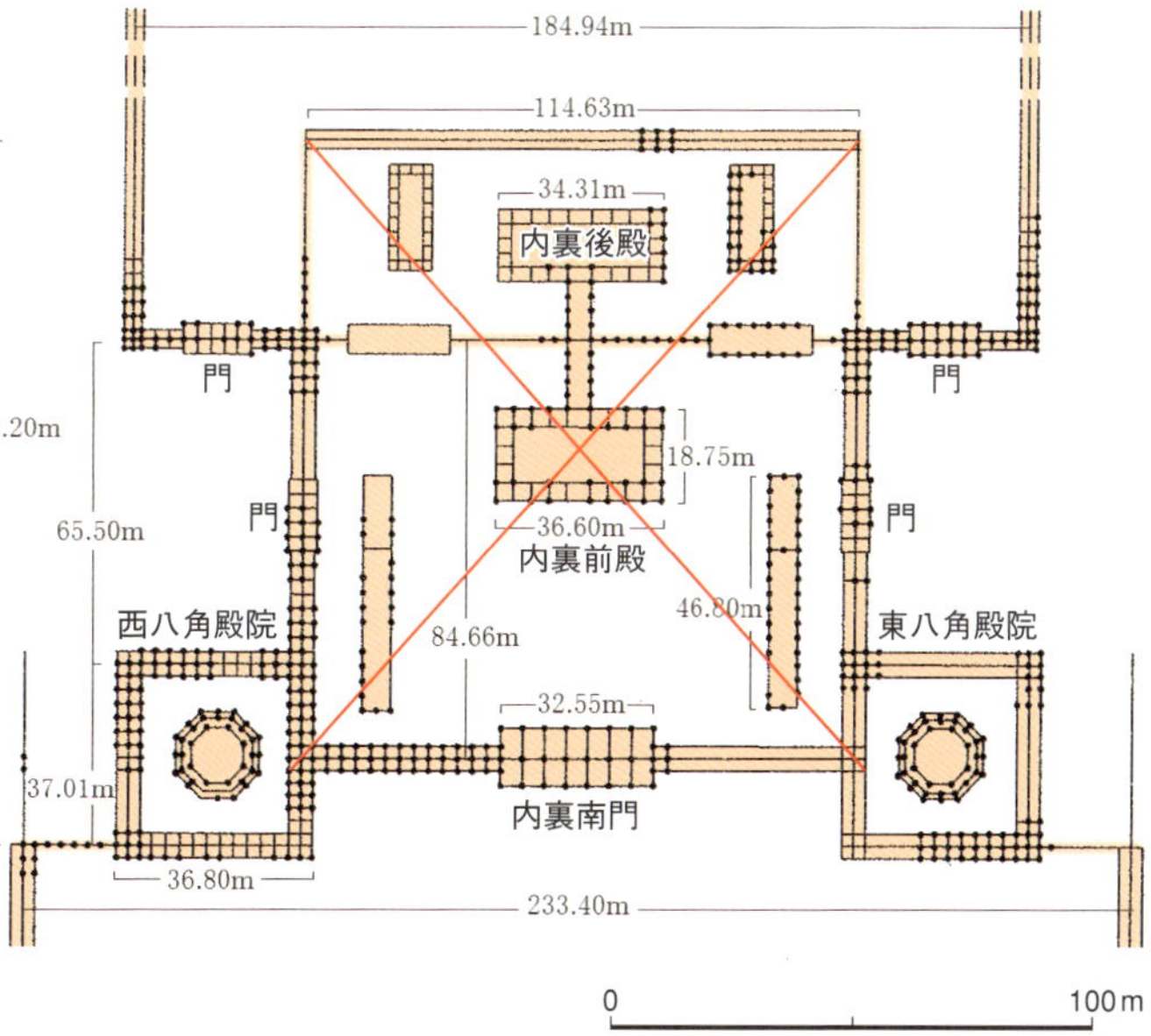

図20 ● 中心部の寸法図とCG復元
中心部には非常に高い規格性がみられ、とくに内裏前殿の位置は
高い精度で設計されていたことがわかる（図中の対角線参照）。

内裏には前殿と後殿《こうでん》が建ち、その間は塀で仕切られ、軒廊《こんろう》でつながっている。内裏前殿は、南門を隔てて臣下の場である朝堂院に面した内裏のなかの公的な殿舎であり、重要な儀式などの際に大王が出御する宮室の中心舞台である。

その大きさは桁行《けたゆき》総長三六・六メートル（九間《けん》）、梁行《はりゆき》総長一八・八メートル（五間）で、難波宮で最大規模（六八八平方メートル）である（「間」は、柱間《はしらま》のこと。たとえば柱が一〇本建っていれば、柱間は九間）。用いられた柱も直径六〇～七〇センチとたいへん太い。

図21をみると柱穴が内外二重にめぐっていることがわかる。これは四面全部に廂がつく四面廂《しめんびさし》の構造で、建物としては最高の格式である。この構造は屋根が二重になる例が多く、一重だけの屋根よりはるかに立派にみえる。それだけ格が高いということだ。

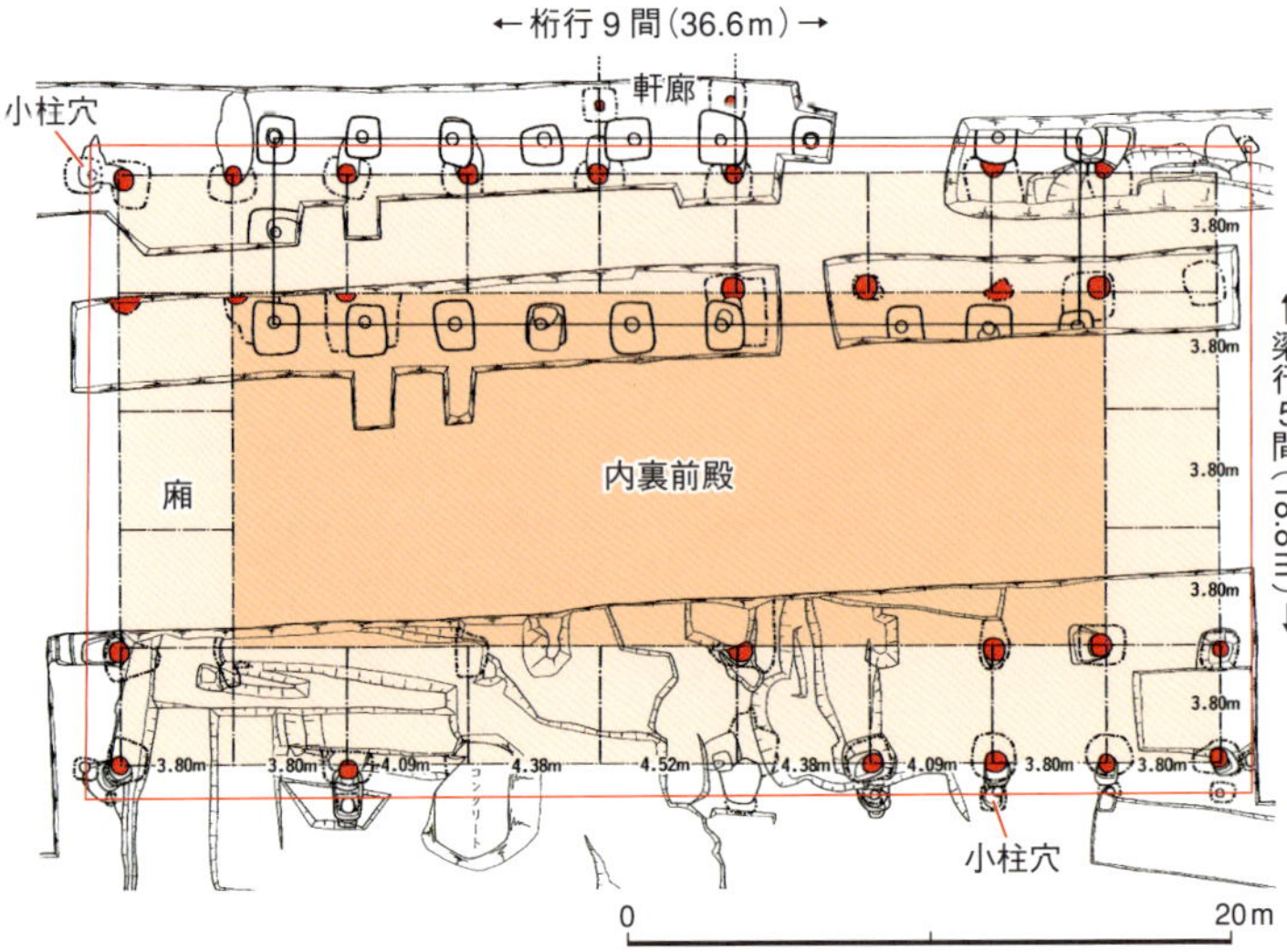

図21 ● 内裏前殿
当時の倭国で最大・最高規格の建物。桁行の柱間寸法は中央が広く、両脇に行くにしたがって少しずつ狭くなるという高度な設計である。

大王の私的空間、内裏後殿

北側の内裏後殿は、桁行総長三四・三メートル、梁行総長一四・六メートルで、前殿よりひとまわり小さいが、これも四面廂の建物である。大王の私的生活空間といえる。

前殿と後殿の間が塀で区切られたことがたいへん重要である。これは「公」と「私」の分離を示しており、難波宮が最初であった。それまでの倭国の王宮正殿は「大殿《おおどの》」とよばれていたが、『日本書紀』によると、雄略、敏達、用明など六世紀までの大王はここで死期を迎え、六二八年没の推古女帝も小墾田宮の大殿に病身を横たえていた。大殿は大王の公的政治空間であるとともに私的生活の場でもあり、公私未分離の正殿だったのである。

難波宮ではそれが一新された。この構造は唐長安城の宮城である太極宮《たいきょくきゅう》に、正殿の太極殿《たいきょくでん》と、その奥に両儀殿《りょうぎでん》が設けられていることに由来する。日本の王宮正殿の到達点である大極殿はのちの藤原宮で成立するが、それへの第一歩が難波宮の内裏前殿・後殿の分離であった。

なお、内裏前殿の南側には東西七五メートル余、南北四五メートル余の広場（前庭）がある。限られた官人や王族だけが参入できる空間だったのであろう。

内裏南門

内裏の南には門がある。大きさは桁行三二・六メートル（七間）、梁行一二・三メートル（二間）で、その屋根は切妻造り、柱の高さは四・五〜五メートル程度と推定されている。藤原宮の大極殿院南門とともに、日本の諸宮の門では最大級の規模である。

桁行が七間ということは、両端は板壁と考えられるので門扉は五つあったことになる。これは唐長安城の正門である明徳門《めいとくもん》や大明宮《たいめいきゅう》の丹鳳《たんほう》門《もん》が門道五つであるのと同様、門として最高の格式である。中国の城門の場合は城壁にトンネル式の門道が設けられ、その上に門楼が建つので外観はずいぶん異なるが、門道の数は中国の都城でも通常は三つである。

このほか内裏回廊の東西や内裏前殿の後方にも門が規則的に配置されている。いずれも桁行五間という格式の高い門である。このような門の配置もほかの諸宮にはない特徴で、そのお手本はやはり長安城の太極宮であった。

木製の基壇外装

以上の殿舎のうち、内裏前殿の東西の長殿と回廊以外はみな建物の周囲に「小柱穴」がめぐっている（「小」としているが柱の直径は三〇

図22 ● 東八角殿院
八角殿は前期難波宮だけにある特徴的な殿舎。藤原宮では同じ位置に方形の「東楼」と「西楼」が建てられた。

センチ前後もある）。この柱列は、低い土盛りの基壇の外側に土留めの横板をわたし、それを外から支える柱と推定される。さらにその外側には化粧板をとりつけた。これが木製の基壇外装であり、内裏の主要殿舎はその上に建っていたわけである（ただし、異論もある）。

八角殿

内裏南門の左右には、回廊でかこまれた八角殿が建つ（図22）。八角形の建物といえば法隆寺の夢殿や興福寺南円堂を思い出す人も多いだろう。この二つが仏教建築であるため、難波宮の八角殿も須弥山などを模した仏教施設とする見方がある。それに対しては異論もあるが、いずれにせよ南門から奥の内裏を厳かに飾りたてるためのものであろう。

八角殿は三重の柱列が同心円状にめぐり、外側の柱列間のさしわたしは一八・四メートル（一番外側の柱を小柱穴とみれば、これは基壇の規模となる）である。日本で現存最大の興福寺南円堂をしのぐ規模であり、これもほかの宮にはない特徴的な建物である。

3　大規模な朝堂院

朝堂院の姿

前期難波宮の第三の特質は、大規模に整備された朝堂院をはじめて建設したことである。

内裏南側の大きな区画が朝堂院で、官人が日々朝参し、政務と儀礼をおこなった場である。

その規模は、回廊心々間距離で東西が二三三・四メートル（八〇〇尺）、南北が二六三・二メートル（九〇〇尺、八角殿院の南側回廊から南門の回廊まで）である。この敷地も小石敷であることが、一部に前期難波宮の地表面が残っていて確認された。

　朝堂院の中央は、儀礼のための「朝《ちょう》庭《てい》」とよばれる広場である。ここはさまざまな儀式の際に官人が集まり、位の高い者から順に並んだところである。

朝堂院のはじまり

朝堂院は、推古朝の小墾田宮にすでにその原型があり、摂政であった厩戸《うまやど》皇子（聖徳太子）の「一七条憲法」には朝参のことも定められていた。だがその後、舒明朝（六二九～六四一年）には蘇我蝦夷らが朝参を怠り、有名無実になっていた。

　これに対して豊碕宮に先立つ小郡宮では、六四七年（大化三）に「凡そ位を有《も》つ者は、要《かなら》ず寅の時に南門の外にて左右に羅列し、日の初めて出ずるを候《うかが》いて庭に就きて再拝し、乃《すなは》ち

天皇	在位	王宮
推古	593 ～ 628 年	豊浦宮
		小墾田宮
舒明	629 ～ 641 年	飛鳥岡本宮
		田中宮
		百済宮
皇極	642 ～ 645 年	飛鳥板蓋宮
孝徳	645 ～ 654 年	難波小郡宮
		難波長柄豊碕宮
斉明	655 ～ 661 年	後飛鳥岡本宮
天智	662 ～ 671 年	後飛鳥岡本宮
		大津宮
天武	672 ～ 686 年	飛鳥浄御原宮（難波宮）
持統	687 ～ 697 年	飛鳥浄御原宮
		藤原宮
文武	697 ～ 707 年	藤原宮
元明	707 ～ 715 年	藤原宮（710 年より平城宮）

図23 ● 飛鳥時代の王宮の変遷
古墳時代の大王宮は代替わりのたびに新しい王宮を営んだ（歴代遷宮）。飛鳥時代の王宮は次第に歴代遷宮の風習を脱皮し、最後は藤原宮に固定化する。

庁《まつりごとどの》に侍れ。若《も》し晩《おそ》く参る者は、入りて侍ること得ざれ。午《うま》の時に到るに臨みて鐘を聴きて罷《まか》れ」という礼法により毎日の朝参が明確に規定された。「庁に侍れ」とは朝堂の存在を示す。

遷都することで大和に分散していた多数の氏族らを難波に集住させ、毎日の朝参が実現される条件が整ったのである。彼らの政務を支配したのは時間（日の出と鐘）であった。これは官僚制の大きな革新であり、同年、推古朝以来の一二階の冠位制も一三階に改められた。冠位制とは冠と衣服の色、形などをこまごまと定めたもので、朝堂院（および王宮）に出入りする多数の官人たちの身分、ひいては君臣秩序を「見た目」でわかりやすく示すものであった。

こうした小郡宮の礼法と冠位制を引き継ぎ、さらに飛躍させたものとして前期難波宮の巨大かつ完璧な左右対称プランの朝堂院が建設されたのである。その建設は遅くとも六四九年（大化五）にはじまり、その年、冠位制は一九階の新制となった。こうして、古墳時代以来の各氏族が自らの本拠地で政務を分担する制度から脱皮し、彼らをひとしく官人として王権の下に再編したのである。

官人が政務をおこなう朝堂

朝庭の周囲には朝堂が左右対称に配置されていた（図24）。のちの五位以上にあたる官人には席が設けられ、彼らはそこで政務をおこなった。現状では一四堂発見されているが、東南・西南の隅に各一棟、計一六堂あった可能性もある。北から第一堂、第二堂などとよんでいる。

発掘調査によると、朝堂は①第一堂、②第二堂、③第三〜第五・第七堂（および第八堂）、

④第六堂と、規格を異にする四種の殿舎群からなっている。

東第一堂は桁行一六・一メートル、梁行七・九メートル、第二堂は桁行二〇・六メートル、梁行七・〇メートルで、ともに外周を「小柱穴」がめぐっていて、小規模な基壇の上に建てられていたと推測される。また西第二堂では床を支える柱である床束《ゆかづか》がみつかっていて、床張りの殿舎であったらしいことがわかる。

第三〜第五堂の長さは三五・一メートル、梁行五・八五メートルと大きく、西第六堂にいたっては四一メートル以上もある。多くの官人を収容できる施設であったことがわかる。

南側回廊の中央には南門があった。桁行二三・三メートル（五間）、梁行八・八メートル（二間）と大規模な門である。内裏南門の例にならえば、桁行五間とは門扉が三つということであり、長安城でいえば宮城の南に開く承天門《しょうてんもん》（門道が三つ）などと同様の高い格式である。

図24●朝堂院西回廊と朝堂（北から）
右手が朝堂院の西回廊の柱列。左奥が西第三堂。

朝集堂

朝堂院の南には東と西に南北に長い建物跡がみつかった。早朝、朝参した官人たちが身支度などをするところである。長さ五五・五メートル以上、梁行約六メートル（推定）と長大な建物である。おそらく内部は、位に応じて官人が身支度する場所も仕切られていたのであろう。

宮城南門

二棟の朝集堂の南に開く門が宮城南門である（図25）。桁行二三・五二メートル、梁行八・八三メートルと、朝堂院南門と同規模の門である。唐長安城にならえば皇城の南にある朱雀門《すざくもん》にあたるので、発見時には「朱雀門」とよばれたが、その名前がこの段階までさかのぼるかどうかは不明である。

南門の左右には宮域の南をかぎる外郭の複廊がとりついている。ただし、外郭西端部の調査では一

図25 ● 宮城南門（南西から）
1993年の発見。柱穴は巨大で直径80㎝クラスの柱が建てられていた。

本柱の塀に替わっているので、この複廊は朝堂院の南方だけの限定的なもの（翼廊《よくろう》）だったようである。

4 官衙の創設

東方官衙

前期難波宮の第四の特質は、王宮中心部の東西にはじめて官衙（曹司《そうし》、役所のこと）を設けたことである。

東側では多くの建物群が発見されていて、東方官衙とよんでいる。東方官衙は前期・後期難波宮の二時期に分かれると想定されてきたが、近年はその二時期とも前期難波宮に属することが明らかになってきた。

図26のように、現在のところ東方官衙は八群の小区画からなることがわかっている。中央の①・②・⑤群、東の③・④群、さらには西の⑦・⑧群という、それぞれ性格の異なる複数のグループで構成されている。

このうち①群と②群はよく似た配置であり、北側に倉庫（重いものを収納するため建物内部にも柱を規則的に配置）を一～二棟おき、その南に東西・南北の建物を規則的に配置している。これはさまざまな物資を収納する倉庫と、官人らの政務にかかわる実務的空間（曹司）とみられる。

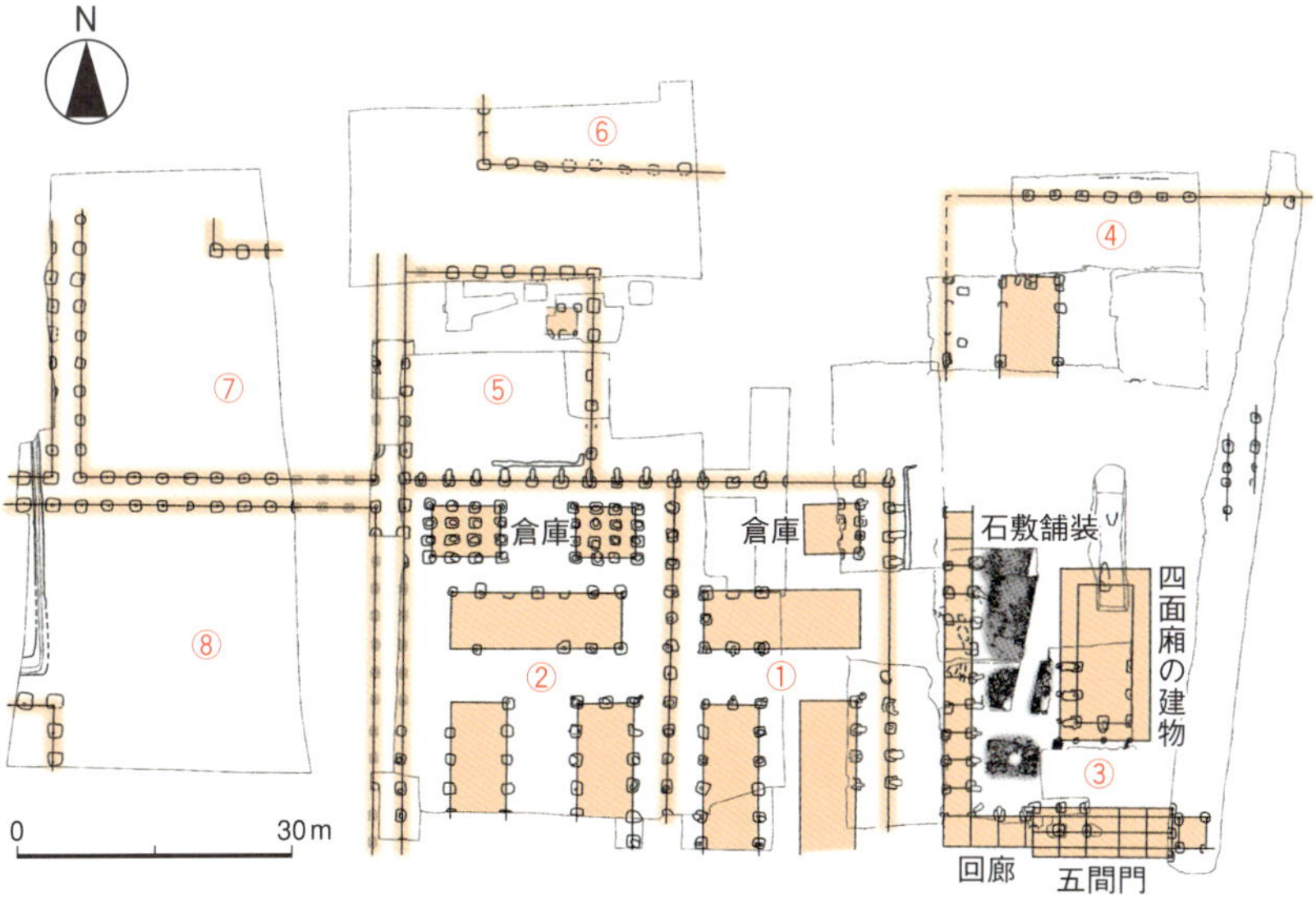

図 26 • 東方官衙（新段階）

図 27 • 東方官衙の東部
図26の③の箇所を東からみている。手前に南北の大型建物が建ち、奥にはこれをかこむ単廊がみえる。一部に石敷が残っていた。

東方官衙のなかでもっとも注目されるのは③群であろう（図27）。③群は東西三〇メートル・南北三五メートルほどの規模と推定され、四面廂の南北棟建物を中心とする。その新段階には周囲を回廊でかこみ、南に五間門があり、さらに地面を石敷舗装までするという、狭いながらも格式の高い特異な殿舎配置をとっている。ここは限られた人しか参入できない閉鎖的な空間といえる。

内裏西方官衙

一方、宮域の西側では、塀にかこまれた内裏西方官衙が発見されている。いまは大阪歴史博物館とＮＨＫ大阪放送局が建つ敷地で発見された難波宮の「大蔵《おおくら》」である。

図28のように、この敷地の西をかぎる塀に沿って、桁行一〇・四メートル、梁行七・二メートルほどの倉が六棟、一直線に並んで発見され、さらに南へ続いていたらしい。

調査地の中央付近で発見された建物は大きく、また柱の配置は通常の建物と同じなので、倉への物資の出納にかかわる「管理棟」のような建物とみられる。その東側でも建物が一棟発見されたが、全容はわかっていない。

さらに敷地の北端では、特異な建物がみつかった。東西に四〇メートル以上あり、南北に細長い溝のなかに柱穴が四つ開けられていて、それが多数ならんでいるのである。くわしくみると、溝と溝の間が狭いところと広いところが規則的にみられる。その柱の配列から、この建物は桁行一〇・九メートル（四間）、梁行八・三メートル（三間）の建物三〜四棟をつなげ、全体

図28 ● 内裏西方官衙
前期難波宮の火災は、686年（朱鳥元）1月14日、西の刻（午後6時頃）に「難波大蔵」で発生した。
発掘調査でみつかる大半の建物は焼けているが、図の西側と北側の塀や並び倉には火災の痕跡がなく、焼けていない。現代の大阪の気象統計では、冬の夕方の季節風は西の海から吹く例が多い。ここが火災の火元であった可能性が高い。

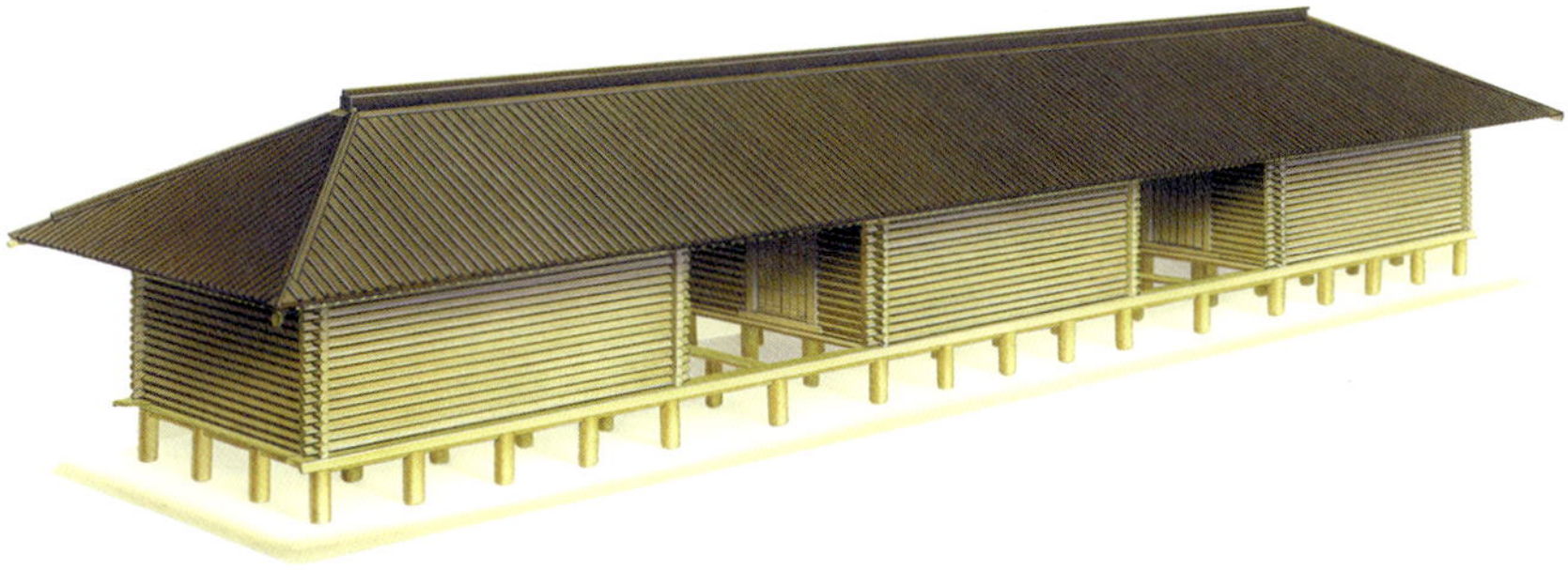

図29 ● 並び倉のCG復元
柱の並ぶ間隔が一様ではなく規則的に異なるところがあり、3～4棟の倉にひと続きの大屋根をかけた東西棟に復元された。

にひとつの大屋根をかけたものと推測された。

こうした建物は「並び倉」とよばれ（図29）、類例は法隆寺綱封蔵《こうふうぞう》や東大寺正倉院宝庫などがある。それらはいずれも二棟一体型であるが、宝物庫である。はたしてここでも、柱の抜取穴から管状の小さな金製品が出土している。

内裏西方官衙は倉が主体をなす難波大蔵であるが、これも唐長安城では太倉《たいそう》とよばれる倉庫群が宮城の北西にあり、そうした設計をとりいれたものといえる。

白壁の破片を発見

このように、かつては各氏族のもとに分散していた政務を王宮に集中し、現業部門を含む官衙を宮域の東西におく日本の王宮スタイルは前期難波宮にはじまるものであり、これによって宮域は東西・南北ともに約六五〇メートルと一挙に巨大化した。その外郭を確認しておこう。

東の端の塀などはみつかっていないが、東方官衙の東側はすぐに大きく深い谷筋が入りこむことがわかっていて、このあたりがほぼ宮域の東限だろう。

図30 ● 白壁の破片
前期難波宮に白壁の建物が少なからずあったという動かぬ証拠である。

その谷のなかには大量の壁土が捨てられていた。壁土はさまざまな大きさの破片だったが、平たい面に白土を塗った壁の表面とわかるものがいくつもあり、前期難波宮の建物には白壁の建物が少なからずあったことが判明した（図30）。

水利施設と万葉仮名木簡

西側では、西方官衙の西の塀のさらに二三・七メートル先でも塀が発見されている。この二列の塀のあいだは宮内道路だったとみられる。その北端には北西に開く谷頭があり、一九九七年度の調査当時も絶えず水が湧いていたことから、難波宮の時代には貴重な水源だったであろう。宮内道路は、この水利施設へのアクセス道路だったわけである。

ここで発見された水利施設は盛土と花崗岩で護岸した湧水池と、北西に排水する石組溝か

図31 ● 北西部の水利施設（東から）
手前に湧水池があり、右奥の花崗岩の石組溝から排水された。この施設をつくった頃の地層から、7世紀中頃の土器が多量に出土し、前期難波宮が孝徳朝につくられたことを立証した。

らなる（図31）。盛土から出土した多数の土器は、前期難波宮の造営時期を土器の上からおさえるまたとない好資料となり、また最古の人形《ひとがた》（図32）や馬形をはじめさまざまな木製祭祀具の出土も、八世紀以後、全国にひろがっていく「都城祭祀」の起源にかかわるものとして注目される。

なお、宮内道路の南部では、自然の谷地形を埋め立てた整地層がみつかった。難波宮西限の塀はその整地終了後に建てられたことになる。この整地層から万葉仮名で和歌が記された木簡

図32 ● 水利施設出土の人形
日本最古の人形（ひとがた）のオモテ・ウラで、横向きの人物像。表面に文字があり、木簡を転用したもの。頭部には木釘が打ち込まれている。

図33 ● はるくさ木簡
「はるくさのはしめのとし（春草の初めの年）」と読める（以下欠損）。31文字あるとすると、推定長約60㎝。同じ地層から出土した右側の土器は7世紀中頃のもの。

が出土した（図33）。万葉仮名の成立は七世紀第4四半期とする通説に反して、七世紀中頃にさかのぼることを示す証拠として大きな反響をよんだことは記憶に新しい。

「戊申年」の木簡

宮域の南限は、先述した宮城南門である。その左右には複廊がとりついていたが、西端では塀になっていたので、複廊は朝堂院の南側だけなどに限られていたようである（先述）。

また東方官衙の南方で、深さ六メートル前後の東に開く侵食谷が発見されており、それが埋め立てられていなかったことが興味深い。はたして宮域が方形だったのか危ぶまれるところであるが、この谷にかかる部分では高低に応じて一直線に塀などを通していた可能性もある。そのあたりの解明は将来に待つしかない。

北限に関しては諸説あったが、難波宮の北方で西に開く幅五〇メートル程度、深さが約八メートルにおよぶ大きな谷がみつかり、そこまで宮域はひろがらない可能性が高くなった。

その谷底付近から、七世

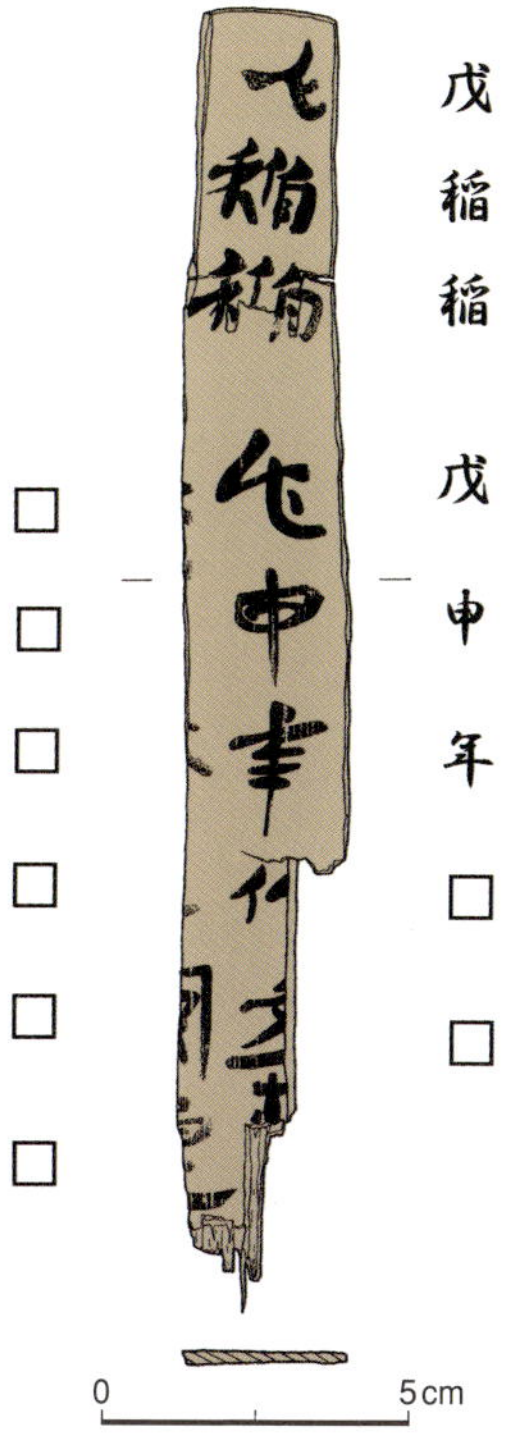

図34 ● 戊申年木簡
干支は60年で一巡するが、一緒に出土した土器に一番近いのは648年。地方から貢納された食料品につけられた荷札木簡も多く出土している。

紀中頃～後半の大量の土器、六四八年とみられる「戊申年《ぼしん》」銘を含む多数の木簡（図34）や最古の絵馬を含む木製品、また谷の南側で直径三〇センチの柱の根元が残る東西塀（奈良時代とされるが、飛鳥時代との説もある）などが発見されている。戊申年の木簡は前期難波宮の建設年代が孝徳朝（六四五～六五四年）であることを示すものとして注目される。

5　京建設のはじまり

倭国初の京をともなう王宮

前期難波宮の第五の特質として、京域の建設をあげることができる。

王宮のまわりには、官人たちの邸宅や官人に仕える人びとの住まいが必要である。またそうした人びとの日常生活を支える商店なども必要だった。これに寺院など信仰の場も加わって王京（都）が建設される。それは王宮と同様、君主の権威を示すための都市計画にもとづいており、方形のブロックからなる街並み（方格地割）である。前期難波宮は、一定の計画的な「京」の建設をともなう倭国初の王宮であった。

生産工房や苑池

京域のようすを知ることができる発掘調査の成果をいくつかあげてみよう。

難波宮の周囲は起伏に富んだ地形をしているため、宮の東西は空閑地であったが、南西の谷の部分ではいくつかの発見があった。難波宮建設時には、使役されて死んだ牛馬の解体・皮革生産工房がおかれたようで、多量の骨が出土している（図35―1～8のうち1～3）。難波宮完成後には、炉の跡や鍛造時に生じる大量の鉄の剝片や不純物の塊（鉄滓）、炉への送風管（ふいごの羽口）などがみつかっており、官営の金属器生産工房があったと推定できる（図35―9）。先にあげた宮域の南西外側の建物群は、こうした現業部門を統括していたのかもしれない。

図35 ● 初期難波京復元図
南北塀と東西塀が発見されており（10～12）、人びとの居住区に日本最古の方格地割が設けられていたらしい。

一方、宮の北方では自然の大きな谷がみつかり、その底で、各地から集められた花崗岩がまとまって出土している（図35―「木簡出土」地点）。これを苑池の護岸用の石材とみれば、中国的な園林が計画されていた可能性が想定される。それは、もとからこの地に鎮座しており、『延喜式』神名帳《じんみょうちょう》にその名を残す生国魂《いくくにたま》神社の神域をとりこんだものであろう。

方格地割による宅地開発

宮の南方では「天子南面」思想のもとに、正方位地割による宅地開発がおこなわれた。この地域では建物群の発見が相次いでいる（図35―9～18）が、中軸線の西一〇五〇尺で正方位の南北塀や、それに直交する東西塀も発見されているので、なんらかの方格地割があったものと思われる。

その南北塀は宮域の西限の塀と柱のラインをそろえていた。つまり、その方格地割は宮域の地割を延長・拡大したもので、九〇〇尺や一八〇〇尺の間隔で碁盤目状に道路を通す、のちの条坊制とは異なる。だが、宮城の東限・西限と皇城・里坊の道路が一致する長安城の地割と同じで、「京」があくまでも王宮にともなうものであることを鮮明に示すものである。

しかし、この建物群は七世紀後半まで続かない。それはつぎの斉明朝のときに都が飛鳥へ還ってしまったためであろう。こうして孝徳朝の京建設は未完に終わることとなった。

6　難波宮の火災

飛鳥還都

『日本書紀』によると、難波宮完成の翌六五三年（白雉四）、中大兄皇子は突然、大半の皇族や官人らを引き連れ、孝徳天皇の反対を押し切って飛鳥へ帰ってしまう。翌年一〇月、孝徳が難波宮で没すると、六五五年（斉明元）正月、皇極がふたたび即位して斉明天皇となり、飛鳥へ還都してしまった。難波が首都であったのはわずか一〇年にすぎなかったのである。

その後、天皇位は斉明、天智（六六八年即位）、天武（六七二年即位）へと継承され、都は飛鳥から近江、そしてふたたび飛鳥へと変遷していくが、難波には戻らなかった。しかし、難波宮は廃墟になったわけではない。六六〇年に百済が滅ぶと、斉明天皇はただちに難波宮に移り、ここを拠点として百済救援の軍事行動を起こしている。

激動の東アジア

六六〇〜七〇年代もまた、倭国にとって内外で多難な時代であった。六六三年、倭国は百済の遺臣らと結んで唐・新羅の水軍と白村江《はくすきのえ》で戦うが、大敗する。六六八年には高句麗が唐・新羅に滅ぼされる。その後はなんと、親しかったはずの唐と新羅が対立し、六七六年にいたって、新羅が唐を駆逐し、朝鮮半島を統一する。

白村江敗戦後、倭国は唐との戦後処理に失敗し、和平を達成できていない。その超大国・唐を今度は新羅が打ち破った。かくして倭国は、唐と新羅の二重の脅威にさらされることになる。

一方、国内では天智天皇が各地に水城《みずき》や山城を築き、防衛体制をつくるとともに、近江に遷都する。天智の死後の六七二年、壬申の乱が起こり、弟の大海人皇子が近江朝廷を打倒し、即位して天武天皇となる。都は飛鳥に戻った。

そして、唐と新羅の脅威への対応として、天武は六七九年（天武八）、はじめて関を龍田山《たつたやま》などに設け、難波に羅城《らじょう》を築く、これも国内防衛策である。ついで六八三年（天武一二）、飛鳥だけでなく、難波をもう一つの都とする複都制の詔を発した。当時、唐は長安・洛陽の複都制をとっていた。先進大国である唐の制度をとりいれて、王権を強化し、唐や新羅に対抗するねらいであったといえる。

天武の複都制

「凡《およ》そ都城、宮室は一処にあらず、必ず両参つくらん。故にまず難波に都つくらんと欲す。是を以て百寮の者、各往《おのおのまか》りて家地を請え」。これが複都制の詔である。

条坊とは日本の都城で施工された方格地割のことで、碁盤目状の道路によって正方形に区画された宅地ブロックがならぶ。そのはじまりは六九四年（持統八）に遷都した藤原京とされるが、天武朝期にはすでに藤原京の建設がある程度進んでいた。とすると、複都制の詔によって都となった難波京でも、条坊の建設が進行していた可能性が浮かんでくる。

そこで発掘調査でみつかった道路跡を検討すると、四天王寺の東門など四カ所の飛鳥時代の遺構が条坊地割に一致することがわかった（図36―1・3・5・7）。

これらの例から、一応、東西一六〇〇メートル弱、南北は二六五〇メートル余の京域が復元される。ただ、難波宮の北西方面が計画域にあった可能性もあり、その場合は最大四二五〇メートルとなる。しかし、図36―16の位置で、上町台地と同じ方向（北で東に一〇度ほどふれる）の地割を示す南北溝が、少なくとも七世紀末にはまだ存在していた例もある。これは復元

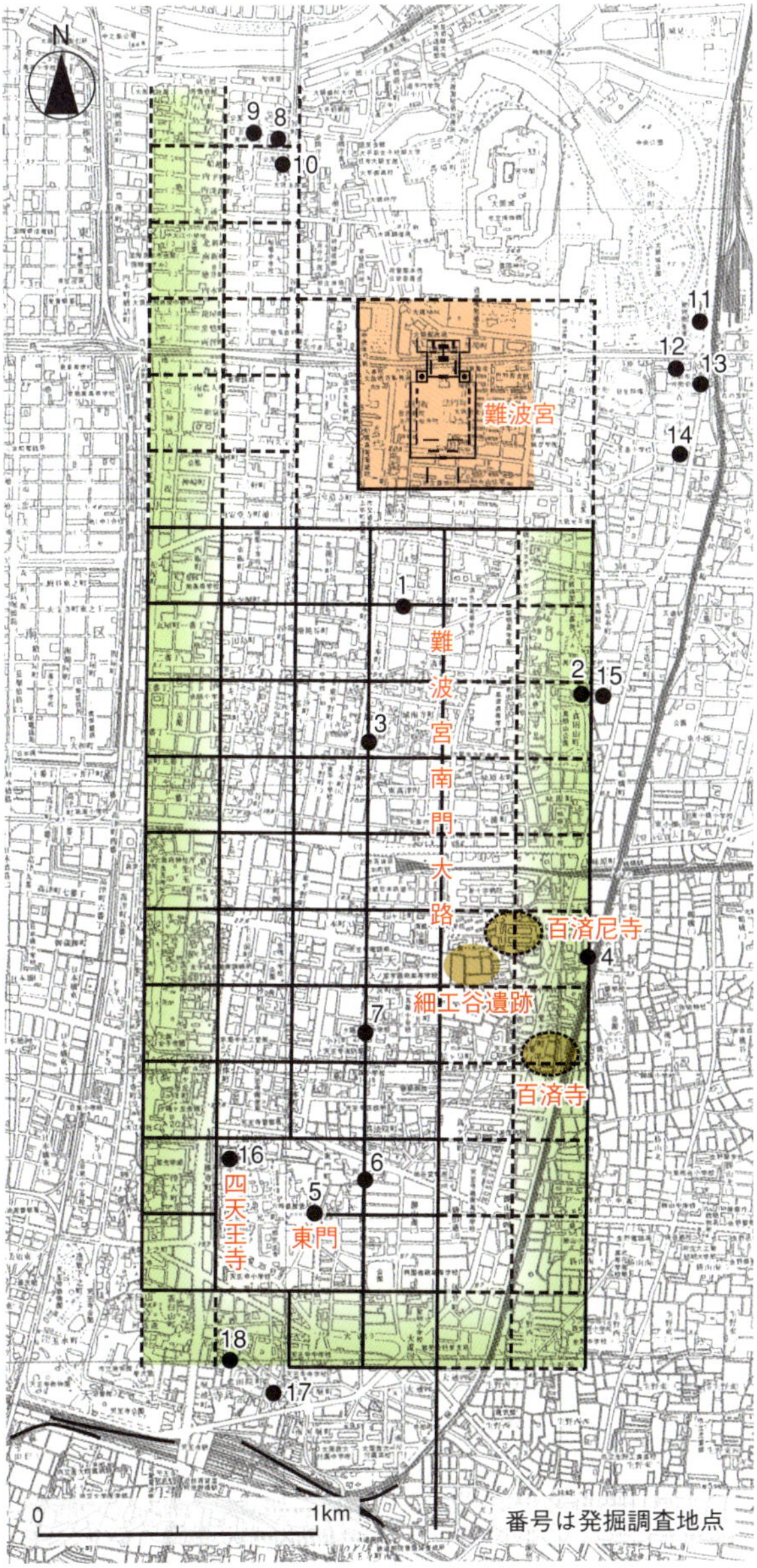

図36 ● 前期難波京復元図
四天王寺東門5や1・3・7などで条坊の道路にかかわる事例がみつかっており、4・6もその可能性がある。難波宮の西・北西方面は未確認。

京域の全域に条坊道路が施工されていたわけではなく、「まだら模様」であったことを端的に示す例である。つまり、天武朝の難波京もまた、完成しなかったということであろう。

難波宮の火災と天武の死

『日本書紀』には、六八六年（朱鳥元）正月一四日、「酉の時、難波大蔵省に失火し、宮室悉く焚《や》けぬ」と記されている。大蔵「省」というのは編纂時（奈良時代）の潤色だが、難波宮の大蔵から火災が発生したわけである。

実際、発掘調査では、内裏・朝堂院など中心部のさまざまな箇所から火災の跡がみつかっている。建物の廃絶に際して柱を抜き取る場合、横から抜取穴を掘るが、その抜取穴を埋めた土には赤い焼土が混じる。この焼土が火災の跡を示すのである。

内裏西方官衙は火災痕跡のある建物の西端にあたること、冬の夕刻は西の大阪湾から吹く風が多いという統計があることから、『日本書紀』が記している火元の「大蔵」は、この倉庫群とみられる。一方、東方官衙の柱の抜取穴には焼土が混じっていないので、火災はここまで及ばなかったようだ。

さらに、火災にあった年の九月には複都制を推進した天武自身が没する。これによって藤原京の建設も頓挫した。つぎの持統天皇は六九〇年（持統四）に藤原京の造営を再開したが、天武の複都制を継承せず、難波京の建設は放棄した。

こうしてまたも難波京の建設は未完に終わったのである。

第4章　再建された難波宮

1　再建への道のり

火災後の難波宮

難波宮は六八六年（朱鳥元）に焼失したが、その後も天皇の行幸に利用される。なかでも六九九年（文武三）の文武天皇の行幸は一カ月近くという長期におよんでいて、それなりの施設があったとみられる。

その施設の一部が東方官衙と考えられる。前章でみたように、発掘調査により東方官衙の建物は新旧二段階に分けることができ、新段階では、図26の③群は四面廂の建物を中心に、回廊、五間門、石敷舗装といった格式の高い建物に建て替えられていた。東方官衙には火災痕跡がなく、焼失していなかったのである。その南方（未調査）にも建物群が存在した可能性がある。

また西方官衙も、北端と西端の塀、そして並び倉では柱の抜取穴に焼土が認められず、火災をまぬがれたようである。『日本書紀』によれば、六九二年（持統六）四月、親王以下の官人が「難波大蔵の鍬」を賜っている。大蔵の一部が火災後も機能していたこと、またそこに収納されていた物資の一端を示す貴重な記録である。このように難波宮は火災後も維持された。

外交施設・難波館

とはいえ、内裏・朝堂院という中心部が焼失したため、外交使の饗応などはできなかったようだ。そのことは新羅使への対応からうかがうことができる。

文武朝（六九七〜七〇七年）以後、対外関係は好転するが、新羅使の来訪は六九二年（持統六）から七二六年（神亀三）までのあいだに九度ある。そのうち七度は当時の都である藤原京や平城京に入京しているのに対し、二度は難波館での対応だけで帰らせている。『日本書紀』六九二年（持統六）一一月一一日「新羅の朴憶徳《ぼくよくとく》を難波館にて饗禄す」と、『続日本紀』七〇三年（大宝三）閏四月一日「新羅の客を難波館にて饗す」という記事がそれを示す。

古墳時代以来この地におかれた外交官舎・難波館は、前期難波宮が機能している時期にはその記録がなく、難波宮の火災後にふたたび記録に登場する。このことから、火災によって難波宮では果たせなくなった外交機能を難波館が補ったといえる。

難波館のあった場所はわかっていないが、『日本書紀』六〇八年（推古一六）四月に「（隋使のために）新館を難波高麗館の上に造る」とあることから、上町台地北端の斜面地に三韓および隋館（のち唐館）の複合施設としてあったと考えられる。

火災後の寺院建設

難波京域では、天武朝の火災後も寺院建設が続いた。それは百済王氏の氏寺《うじでら》、堂ヶ芝廃寺跡の「百済寺」と細工谷遺跡の「百済尼寺」である。百済王氏とは、六六〇年に滅んだ百済の王族・余善光《よぜんこう》の一族のことである。彼らは、六六四年（天智三）三月「百済王善光らを以て難波に居らしむ」と『日本書紀』にあるように、倭国に亡命し、難波に来住して堂ヶ芝廃寺を建設した。一方、細工谷廃寺は七世紀前半と創建年代は異なるが、ある時点で、同じ型でつくられた大量の瓦を屋根に葺いた（図37）。このとき百済寺と百済尼寺という男僧の寺と尼僧の寺が一対の氏寺として成立したようである。瓦の年代から、それは難波宮火災後の七世紀末の頃であった。

このように、朱鳥元年の火災後も京域の建設は一部で続行していたことがわかる。

図37● 細工谷遺跡出土「百済尼寺」の軒瓦
手前の軒丸・軒平瓦４個は７世紀末頃のもので、堂ヶ芝廃寺（百済寺）の瓦と同范。奥の１個は四天王寺の創建瓦と同范で、７世紀前半。

聖武天皇の難波宮行幸

その後、都は七一〇年（和銅三）、平城京へ遷り、七二四年（神亀元）には聖武天皇が即位する。

聖武は翌年、難波宮へ行幸し、上町台地北部、摂津の東生《ひがしなり》・西成・百済三郡の郡司（郡役人）らに位と禄を授けている。この行幸は歴代の天皇が即位の翌年に難波で八十島祭《やそしままつり》を執りおこなう慣例によるものだが、内裏・朝堂院を失い、四〇年前の火災から復興していない難波宮の姿は、曽祖父・天武が構想した複都制の挫折をあらためて聖武に印象づけたであろう。

七二二年には新羅で「毛伐《もうばつ》郡城を築き、日本の賊の路を遮る」という事件が発生し、良好な関係に転じていた対新羅関係にまたもや暗雲が漂いはじめていた。すると、毛伐郡城に対抗して副都難波を再建するという発想も浮かんでくる。おそらくこの行幸がきっかけとなって、聖武の脳裏には曽祖父の事業の継承、つまり難波宮の再建と複都制の再興という構想が生まれたのだと思う。こうしてその翌年、難波宮の再建がスタートするのである。

2　聖武の難波宮造営

造営長官、藤原宇合

七二六年（神亀三）、聖武はふたたび難波に行幸する。『続日本紀』によると、一〇月二六日、「式部卿従三位藤原朝臣宇合《うまかい》を以て知造難波宮事と為し、陪従せる無位の諸王、六位已上の才芸長上并びに雑色人、難波宮官人、郡司已上に禄を賜うこと各差有り」とある。これが後期難波宮の造営開始を示す記事である。「難波宮官人」とあることは、朱鳥元年の火災後も難波宮に勤務する官人たちがいたことを示す。

「知造難波宮事」とは、難波宮の造営長官のこと。その職に任命された藤原宇合は、大化改新で活躍した藤原（中臣）鎌足の孫で、七一七年（養老元）には遣唐使（副使）として渡海した人物である。平城京の造営長官は四位クラスであったことからみると、式部省長官で従三位という高位の宇合が任命されたのは異例のことといえる。世界帝国・唐の都を見聞してきた有為の人物として抜擢されたのであろう。

造営の進展

それから五年半ほどすぎた七三二年（天平四）三月二六日には「藤原朝臣宇合ら已下、仕丁已上に物を賜う」と記され、この頃には内裏ができあがり、建設工事が一段落したらしい。『万葉集』には、「昔こそ難波田舎と言はれけめ今は都引き都びにけり（以前は田舎だった難波も、今は立派な都になった）」（三一二）という宇合の歌が収められている。朱鳥元年の火災後、難波が田舎にな

天皇	在位	王宮
元明	707～715年	平城宮（710年より）
元正	715～724年	平城宮
聖武	724～749年	平城宮・難波宮
		恭仁宮・難波宮
		難波宮・恭仁宮
		甲賀宮・難波宮
		平城宮・難波宮
孝謙	749～758年	平城宮・難波宮
淳仁	758～764年	平城宮・難波宮（保良宮）
称徳	764～770年	平城宮・難波宮（由義宮）
光仁	770～781年	平城宮・難波宮
桓武	781～806年	平城宮・難波宮（784年より長岡京）

図38● 奈良時代の王宮の変遷
天武朝で失敗した複都制は聖武朝に再興され、難波は副都となるが、恭仁宮・甲賀宮（紫香楽宮）・その他の宮が営まれることもあった。

ったわけではないが、自分の功績を誇らしげに詠んだものである。

そして同年九月五日、「正五位下石川朝臣枚夫《ひらふ》を造難波宮長官と為す」と、新たな人事が発令された。今度の長官は正五位で、平城京造営長官の位と比較すると、順当な人事といえる。造営の主たる現場は大極殿・朝堂院や京域に移っていったようである。

二年後の七三四年（天平六）九月一三日には、「難波京の宅地を班給す。三位以上は一町以下、五位以上は半町以下、六位以下は一町を四分するの一以下」と、京域の宅地造成が進み、その班給にいたっている。正倉院文書には七三七年（天平九）に「造難波宮司雇民」の食料を手当てした記録があり、その後も難波宮の造営は継続していたことがわかる。

皇都難波の勅

七四〇年（天平一二）、聖武は突然平城京を捨て、いわゆる「彷徨五年」がはじまる。この間、都は主に恭仁《くに》におかれたが、難波や紫香楽《しがらき》へも遷都するなど複雑な経過をたどる。「難波遷都」は七四四年（天平一六）のことであった。

『続日本紀』によると、その年閏正月一日、聖武は百官を恭仁宮の朝堂に集め、恭仁、難波のいずれを都とすべきかを問うた。恭仁京に賛成する者は五位以上の貴族二四人、六位以下一五七人で、難波京に賛同したのは五位以上二三人、六位以下一三〇人という結果であった。同月四日には同じことを恭仁京の市人に問うたところ、ほとんどが恭仁を望み、難波と平城を願う者が各一人であった。市人らの庶民が度重なる遷都を嫌うのは当然だろうが、官人らの間では恭仁で現状維持を望む者と難波への遷都を望む者が拮抗していたわけである。

そして同月一一日、聖武は難波に行幸し、遷都の動きが慌ただしくなる。二月一日には鈴印《れいいん》が難波宮に運ばれ、同月二〇日には恭仁宮から高御座《たかみくら》、大楯《おおたて》、兵庫の器仗《きじょう》などが難波宮へ運ばれた。二六日には「左大臣、勅を宣して云わく、今難波宮を以て定めて皇都となす。宜しくこの状を知りて、京戸の百姓《ひゃくせい》（都の住人たち）は意の任《まま》に往来すべし」と、皇都難波の勅が発せられた。

しかし、じつは聖武はその直前の二四日に紫香楽へ去ってしまい、残された元正太上天皇と左大臣・橘諸兄が「皇都難波」を宣言したのであった。それは聖武も了解のうえだったとの説があるが、結局、難波遷都は一時的なものに終わり、

図39 ● 後期難波宮のCG復元
南（手前）から、朝集堂院、朝堂院、大極殿院、そして内裏が一直線にならんでいた。

同年後半には紫香楽宮が甲賀宮と改称されて首都となったらしい。

翌年四月、甲賀宮周辺で不穏な火災が相次ぐなか大地震が発生し、翌月、官人・百姓らの圧倒的支持のもと、聖武は恭仁宮をへて平城宮にもどり、「彷徨五年」に終止符を打った。

聖武の死

七五六年（天平勝宝八）二月、孝謙天皇は父・聖武太上天皇と母・光明皇太后とともに難波へ行幸する。『続日本紀』には、孝謙が「行きて難波宮に至り、東南新宮に御す」とある。このとき、孝謙が天皇の居所である内裏に入らなかったのは、難波宮を再建した聖武本人が内裏に入ったからだと思う。だから別宮に入ったのであろう。この旅は前後五〇日を超え、死期の間近い聖武を思い出の地にいざなう娘・孝謙の最後の親孝行だったようだ。はたして聖武は四月、重態に陥り、一行は平城宮へ戻るが、翌月、聖武は亡くなった。

それでは、再建された難波宮とはどのような王宮だったのか。発掘調査であきらかになった後期難波宮の姿をみていこう（図39）。

3　後期難波宮の特質

内裏の姿

後期難波宮では礎石建ち・瓦葺建築が導入された。その造営基準尺は二九・八センチとされるが、必ずしも固定的ではない。以下、後期難波宮の実態をみていこう（図40）。

天皇の住まいである内裏は周囲を掘立柱の複廊でかこんでいる。その規模は東西一七四・五メートルだが、南北はまだわかっていない。そのなかの南側に、東と西に一本柱の塀を南北に建て、北を複廊などでかこんだ東西約八〇・五メートル・南北七三・七メートルの区画がある（内裏南区とよんでおく）。そのなかに内裏正殿と前殿が並び建つ。

内裏正殿は桁行総長二六・八メートル（九間）、梁行総長一一・九メートル（四間）の四

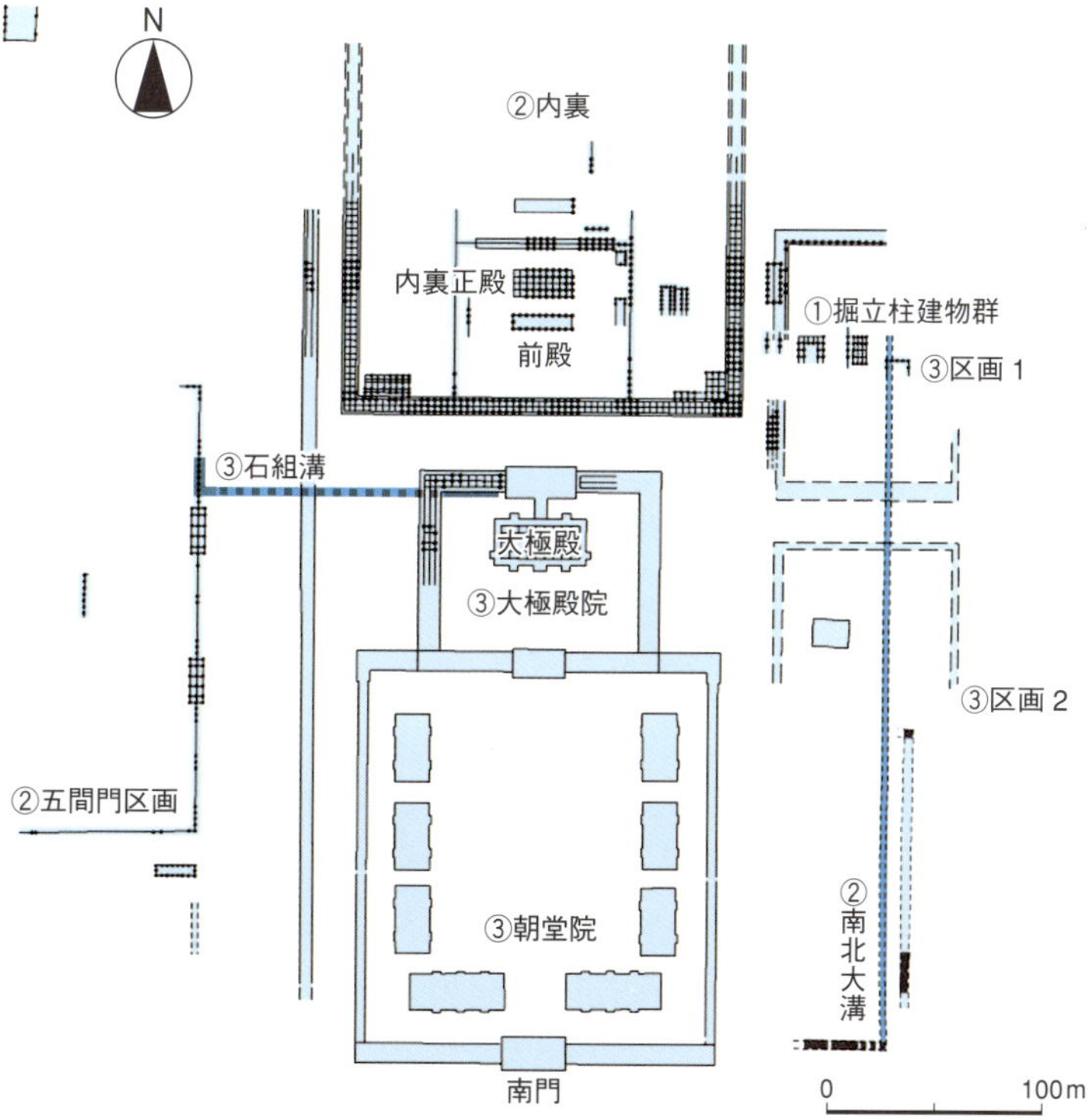

図40 ● 後期難波宮の復元図
遺構の重なり具合や瓦の年代から、建設過程は①〜③の順に進んだようである。

面廂の建物である（図41）。四面廂が建物としては最高の格式であることは、前章でも述べた。建物の内部には束柱が発見されていて、高床であったと考えられる。

正殿の南に、三〇尺へだてて建てられたのが前殿である。桁行二六・九メートル、梁行六・〇メートルで、両端の柱の並びを正殿とそろえている。束柱はないので高床ではない。

前殿の南は、南北約三〇メートルの小規模な前庭となっている。正殿の東と西には南北に長い建物が二棟ずつある。なお、内裏南区の地面は小石敷である。

南区の北には中央区とよぶべき区画があり、二棟の建物がみつかっている。そのうちの一棟は南区の正殿・前殿と東の柱の並びがそろっている。その北の建物は、南北約六メートルの柱列が発見されているのみだが、より大規模な殿舎であった可能性がある。

図41 ● 内裏正殿
内裏は難波に行幸した天皇の居所。8度も難波に行幸した天皇は聖武だけであり、この正殿の主は聖武であった。

その北側はまだ調査がおこなわれていないので不明である。

内裏回廊の南辺の東西の両端には、内側に楼状の建物が設けられている。

内裏正殿と前殿および周囲の回廊の柱抜取穴から蓮華・唐草文軒瓦（図42）を中心に、少なからず瓦が出土したため、掘立柱建築ながら、屋根の一部が瓦葺であったともいわれる。

平城宮内裏との比較

難波宮の内裏は聖武朝の平城宮内裏をモデルにしているが、相違点もある。平城宮では内裏をかこむ施設が一本柱の塀であるのに対して、難波宮ではいち早く複廊が採用され、また平城宮では孝謙朝になって内裏の南回廊の両隅に楼状の殿舎を設けるが、これも難波宮のほうが早い。このように後期難波宮内裏のいくつかの要素がその後の平城宮内裏にとりいれられたこと、これが後期難波宮内裏の大きな特徴である。

後期難波宮内裏のもうひとつの特徴は、ほとんど建替えがなかったことである。平城宮内裏では、元明から桓武までの七人、八代の天皇（孝謙は重祚して称徳天皇にもなった）が、代替わりごとに建替えや改作をおこなっ

図42 ● 蓮華・唐草文軒瓦
後期難波宮建設の当初に用いられた瓦。蓮華・唐草文の瓦は主に内裏や宮域西部の五間門区画などで出土する。

たのとは大きな違いである。それは、副都の内裏が天皇の常住空間ではなかったためであろう。

後期難波宮内裏の三つめの特徴は、内裏正殿の南に、平城宮や平安宮にない前殿をともなうことである。この建物はおそらく簡素な切妻造りの建物であり、高床の内裏正殿に対してかなり格が低い殿舎とみられる。このことから、正殿を引き立てるための建物だったのではないか、あるいはとくに召された人びとだけが天皇と対面し、時には和歌や歌舞などを奉ったのではないかなどと憶測するが、真相はわからない。

大極殿基壇

内裏と分離してその南におかれたのが大極殿院である。礎石建ちの複廊でかこまれたその規模は東西一〇一・一メートル、南北七八・〇メートルで、ここでも地面は小石敷である。大極殿は中央やや北よりにおかれた。

大極殿は前期難波宮の内裏前殿が元となって藤原宮で成立した日本古代王宮の正殿であり、元日朝賀など最重要の儀礼がおこなわれた舞台であった。その名は三世紀以来の中国歴代宮城の太極殿に由来し、本来は地上に二つとない唯一無二の殿舎である。首都に平城宮大極殿がある以上、難波宮の正殿が同じ名でよばれていたとするのは疑問ではあるが、その位置、規模、四面廂の格式などから大極殿に相当する殿舎であることは確かである。

発掘調査（図43）では東西四一・七メートル、南北二一・二メートルの基壇跡がみつかり、旧地表面から最高〇・八メートルの高さまで残っていた。一部に凝灰岩の地覆石が二つ、本来の位置に残存し、土を積み上げた基壇の外面は凝灰岩の切石で飾られていたことがわかった。

そして基壇の南面に三カ所、北面に東西二カ所、東西両面に各一カ所、計七カ所の突出部があり、これは階段跡である。階段の突出は八尺（約二・四メートル）で、その傾斜は四五度より少し緩くみることができるので、基壇の本来の高さは七尺（約二・一メートル）程度と想定された。それでも、現地に復元された基壇の階段をあがるとかなり急である。

大極殿の復元と工字形プラン

基壇上に礎石はまったく残っていなかったが、大極殿の構造や規模はつぎのように推測できる。

図43 ● 大極殿の全面調査
1961年に階段跡が発見された大極殿は、1970年に全面発掘され、全体のようすが明らかになった。小石敷の旧地表面（手前）にかこまれた後方が基壇。

まず階段をあがった真正面には柱を立てず、その左右両脇に立てたとの前提に立つ。東西の桁行柱間寸法は基壇南面の三カ所と北面の二カ所の階段から推測でき、南北の梁行柱間寸法も東西の階段から推測できる。これに、桁行九間・梁行四間で四面廂という大極殿の最高規格をあてはめると、桁行三五・二メートル、梁行一四・八メートルという規模に復元される。

大極殿基壇の中央後方（北）には長さ九・五メートルの軒廊が接続し、その北に大極殿後殿の基壇跡が発見された。基壇の規模は東西約三二・五メートル、南北一三・七メートルである。後殿の左右には大極殿院の北辺回廊がとりつく。

このように大極殿と後殿が工字形につながる形式は、後期難波宮大極殿の最大の特徴である。その設計は前期難波宮が元祖だが、その後途絶えていたものを、後期難波宮で復活させたといえる。この形式は平城宮後半の大極殿に継承される。大極殿院の規模もかなり近似している。工字形プランは長岡宮・平安宮にも、大極殿院内に独立するというように形を変えながらも引き継がれる。後期難波宮大極殿は奈良時代後半以後の大極殿の基本プランとなったのである。

重圏文軒瓦

さて大極殿院では、軒先を飾る軒丸瓦一一三点が出土し、うち一一一点が難波宮特有の重圏文（図6参照）であり、他は蓮華文である。軒平瓦も一〇三点中、重圏文が九九点、唐草文が四点である。

このことから重圏文軒瓦が大極殿院の主体となる瓦といえる。この傾向は後述する朝堂院も

図 44 ● **大極殿 CG 復元**
744年（天平 16）2月、難波「皇都」の勅はここから発せられたのであろう。内部の中央には高御座。屋根の頂上 2 カ所に鴟尾がおかれていた。

図 45 ● **大極殿内部の復元**
高御座の周囲にはごく限られた女官や官人が近侍していた。

同じである。重圏文は、様式としては蓮華・唐草文よりやや新しいので、大極殿と朝堂院は、蓮華・唐草文軒瓦を主体とする内裏より少し遅れて建設されたようである。

八堂形式の朝堂院

朝堂院は、大極殿に接続し、築地でかこまれている。規模は東西一六一・四メートル（五四〇尺）、南北一七九メートル（六〇〇尺）である。

そのなかに東西各四堂、計八堂の瓦葺・礎石建物の朝堂が左右対称におかれていた。礎石などがほとんど残っていないため、朝堂の建物は不明なことが多いが、東西の第一～第三堂はほぼ同規模の南北棟であり、基壇の幅もほぼ一六メートルで共通している。基壇の長さは不明ながら、後期難波宮を移築した長岡宮の朝堂の例から、三一・五メートル程度に復元できる。

いずれも東面と西面の二カ所、計四カ所に階段が張りだし、その突出は一メートル内外であるから、基壇の高さも一メートル以下であろう。

第四堂はごく部分的な調査しかできなかったが、第一～第三堂と異なる東西棟である。基壇幅は約一六メートルで、長岡宮朝堂院第四堂の例から東西の長さは四四メートル余と復元されている。階段は北面と南面に計六カ所と想定されている。

藤原宮以後の朝堂院は一二堂が定型のスタイルなので、後期難波宮のような八堂形式は、首都に対する副都の宮室として小規模にしたという見方が有力であった。しかし、北方には深い谷があり、南方は急斜面で落ち込むという地形の制約によって朝堂院が小型化せざるをえなかったという意見もある。

朝堂院をかこむ回廊の南辺中央では、東西長約二七メートルの基壇と、幅一三・五メートルで北へ〇・九メートル突出する階段痕跡が確認された。朝堂院の南門と想定できる（図46）。長岡宮の南門の例から、桁行約二二・二メートル（五間）、梁行約八・九メートル（二間）の規模と復元されている。

朝堂院出土の軒瓦は、さきにふれたように重圏文のものが主体である。

朝堂院の南はまったく不明であるが、朝堂院南門の南約八〇メートルでみつかっている東西の石組溝などを、朝集堂院の南の回廊にともなうものとみる案がある。ただし朝集堂院南門がおかれたと推測されている敷地では、前期難波宮の宮城南門が発見されており、地形はそこから南へ下る急斜面となっている。この位置に後期難波宮の宮城南門もあったと想定し、朝集堂

図46 ● 朝堂院南門の発掘調査
右側や中央に散らばっている破片は瓦で、多数出土したのは南門の外側に捨てられたもの。瓦がまったく出土しない範囲（人が立っているところ）が南門の内部にあたる。

院はもう少し小規模であったか、そもそも存在しなかったとみる余地も残る。

宮域東部の復元

内裏の東方では、数年前まで、数棟の掘立柱建物と南北・東西の築地、掘立柱複廊とみられる遺構や南北大溝、小石敷の地面などの存在が知られていた。それらはところによって重なって発見されるので、その重なり具合（新旧の関係）を整理・検討した結果、①掘立柱建物群と複廊→②南北大溝→③築地と小石敷、という三段階の変遷が明らかになっている（図40参照）。

このうち興味深いのは、最新段階の③築地・小石敷にかかわる遺構である。半世紀以上前の調査結果もつき合わせ綿密に検討された結果、内裏・朝堂院の東側には、築地でかこまれた二つの区画が南北に並んでいたことが明らかになってきた（図48）。

図47 ● 宮域東部の建物基壇跡
建物の基壇はごくわずかな高まりとなって残っていた。
写真の白線の左側が基壇。

北側の区画1は南北約一二〇メートル、東西約八五メートルで、内部は石敷であり、わずかながら礎石建物の基壇の一部が発見されている。そして区画1の南は幅約二〇メートルの宮内道路となっており、その南で区画2が復元された。区画2の規模は不明だが、ここでも石敷面と建物の基壇痕跡（東西一九・五メートル、南北一四メートル）が発見されている。

　ちなみに難波宮の発掘調査のきっかけとなった鴟尾は、一九五三年にこの区画2で出土したものである。

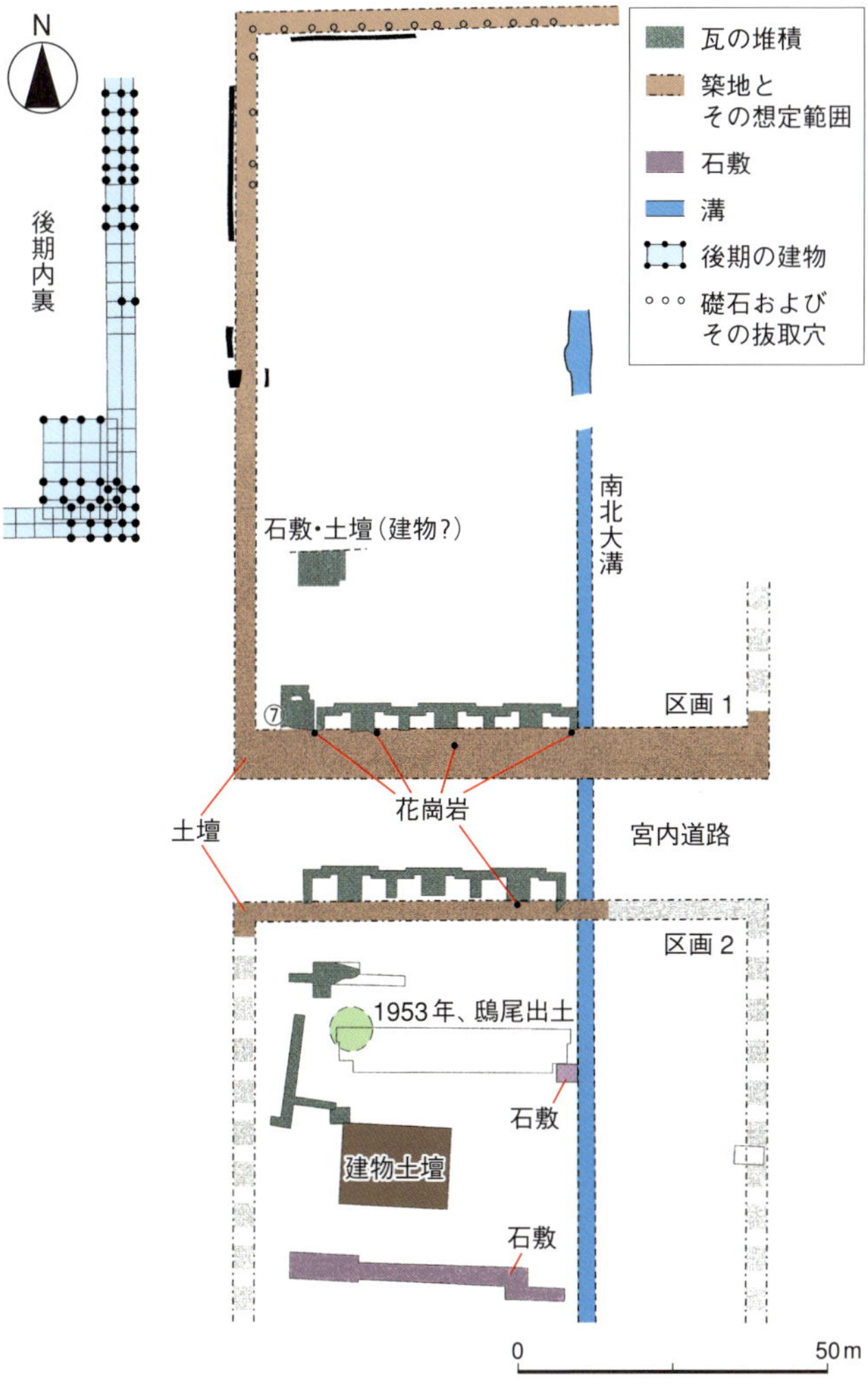

図48 ● 東部区画1、2の復元案
区画2の東西規模はまだわかっていない。区画1と2の間は幅約20mの宮内道路で、その側溝が東へ連続していた。

その大きさからみて、より大型の殿舎が存在したことを示唆している。石敷面などめったにあるものではなく、宮域の東部には相当重要な施設がならんでいたことがわかる。

宮域東部の性格

その性格についいては、二つの可能性が提案されている。第一案は、孝謙天皇の東南新宮案である。孝謙が父である聖武が建設した難波宮に別宮を設けたという想定である。第二案は、七四四年（天平一六）二月、遷都の勅（前掲）により難波が皇都となった際、この地にいた元正太上天皇の宮であったとする案である。恭仁宮大極殿の北側では二つの区画が並んでみつかり、東側の区画が内裏（聖武の天皇宮）であり、西側の区画は元正の太上天皇宮であることからの類推である。

ただ、難波宮のこの二つの区画は宮内道路で隔てられているから、両者が一連であるとは考えられない。そもそも両方が同時に建設されたのかどうかも未確認である。それに、天皇宮であれば、その殿舎は礎石建ち・瓦葺ではなく、内裏と同様、伝統的な掘立柱建物のはずだ。礎石建ち・瓦葺の建物は大極殿・朝堂院に代表されるように公的な殿舎である。

そこで第三案を考えると、二つの区画は官庁であったという想定が浮かんでくる。同時代の平城宮では、大極殿・朝堂院の東に太政官の殿舎がおかれていた。太政官といえば、最高位の中央官庁である。難波宮にもよほど重要な官庁があったとも思われる。

いずれにしても、簡単に結論を出せる状態ではないのが実情である。

謎の宮域西部

一方、大極殿院・朝堂院の西方には、南北二〇〇メートル余の「五間門区画」とよんでいる区域がみつかっている。この区画は東側の塀と門しか判明していないのだが、それらは複雑な経緯をたどっている。簡単に説明すると、①まず簡素な門が南北三等分点上の二カ所に計画されたが、なぜか埋め戻してしまい、②つぎに同じ二カ所に桁行五間で梁行二間の「五間門」が竣工している（図49）。③その後、門と塀が撤去され、築地と石組溝が設けられた。ただ、その内部は後世の撹乱によりほとんど不明で、桁行六間以上の掘立柱建物の一部と井戸などがみつかった程度である。井戸から重圏文軒瓦が多数出土している。

桁行五間の門といえば朝堂院南門と同じであり、格式の高い門である。塀と門が撤去されたのちに築地に替わると

図49●宮域西部五間門の調査
桁行五間の門はかなり格式が高いが、南向きではなく、東向きに2つもならぶこと、南北二等分点に中心門がないことが特異である。

すれば、その内部の重要性はいうまでもない。平城宮では中央区朝堂院と東区朝堂院が東西に並び立っており、このスタイルは平安宮の朝堂院とその西の豊楽院《ぶらくいん》に継承されることが明らかになってきた。そこで、難波宮でも「五間門区画」を豊楽院になぞらえようという意見がある。

しかし、平城宮の中央区朝堂院、平安宮の豊楽院はいずれも正面が南であるのに対して、難波宮の「五間門区画」は東向きであるとみられ、しかもその東面塀の中央に門がない（中心門がない）という点から、やや異質な区画であることがうかがわれる。また、平安宮豊楽院は元日節会《せちえ》や新嘗祭・大嘗祭の節会、外国使節入朝時等の国家的饗宴の場であり、当然ながら井戸などはないが、難波宮のこの区画には井戸があった。以上のように、ここでも結論は保留せざるをえないのが現状である。

なお、①の段階にあたる南北塀の北端の柱穴からは蓮華文軒丸瓦がまとまって出土していることから、「五間門区画」は大極殿より先につくられことがわかる。そして井戸出土の重圏文軒瓦は③の段階に瓦葺殿舎があったことを示すのであろう。

進展した京域の建設

後期難波京の段階では、条坊地割に一致する道路遺構の発見例が増加し、現在は一〇カ所以上におよんでいる。七三四年（天平六）には、京域で宅地班給にいたったから、難波の都市開発は前代以上に広く進展していたことがわかる。

発掘調査から知られる後期難波京の特徴はつぎのとおりである（図50）。第一に、難波堀江と推定される大川南岸まで条坊地割が施工されたため、宮室が京域の中央北端におかれる長安城や平城京と異なる独特のプランをとることである。第二に、南端で難波宮南門大路沿いに新たに国分寺がおかれ、四天王寺とともに京域の南限を荘厳するかのような姿をとっている。第三に、天武朝で未完に終わった前期難波京の

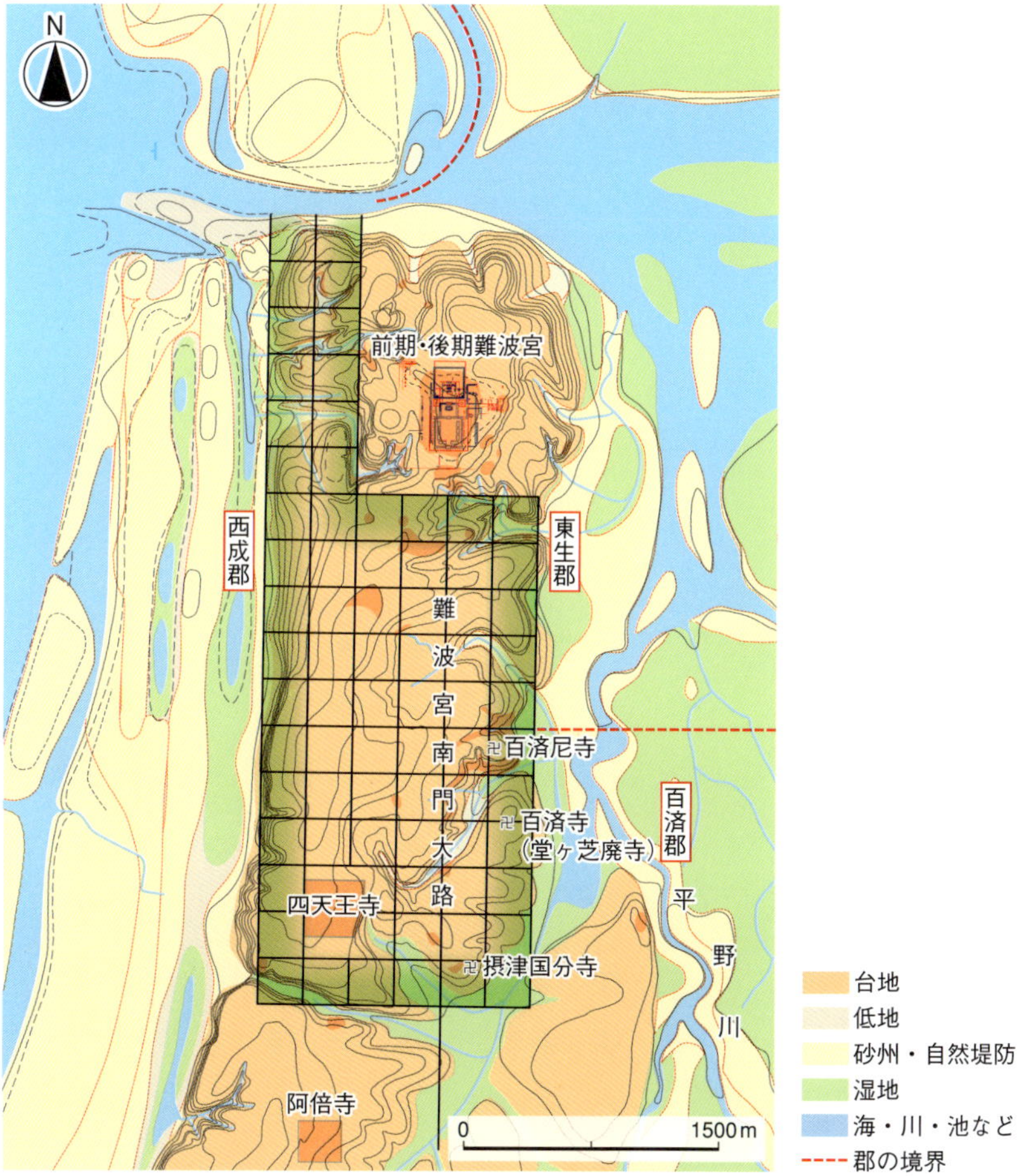

図50 ● 後期難波京の頃の上町台地復元図
最新の地理情報システム（GIS）に、過去の1000件を超える発掘調査のデータを入力して上町台地の旧地形が復元された。これに難波京復元案を重ねたのがこの図である。科学研究費補助金による最新の研究。

地割を踏襲していた。

副都難波京

ところで、京域東部は上町台地の東斜面にあたり、自然の起伏が著しいため、条坊地割の施工には疑問がもたれるが、台地東裾の低地で、京域を区画する道路痕跡（または基幹水路）によって京域の内外を区画していた（図36―4参照）。この地域には南から国分寺・百済寺・百済尼寺などが甍を並べるという景観からみて、条坊地割の有無にかかわらず、京域に属していたであろう。それが摂津の東生郡と百済郡であった。なお、南門大路の西側は西成郡に属していた。

このように、前期難波京が未完に終わったのに対し、後期難波京は副都としてそれなりに実質をともなったものであった。これを複都制の観点からみると、恭仁や紫香楽が聖武の「彷徨五年」にふりまわされた一時的なものであり、完成度はさほど熟したものではなかったのに対し、難波は七二六年（神亀三）から七八四年（延暦三）までの六〇年弱におよぶ歴史を刻み、日本

図51● 細工谷遺跡の「百済尼」「百尼」墨書土器
左の土器に「百済尼」、右の土器に「百尼」とある。天王寺区細工谷遺跡には、滅んだ百済の王族・百済王氏の「百済尼寺」があったことを示している。

の複都制を担ったということができるだろう。

4　難波宮の終焉

外交関係の悪化と難波宮

後期難波宮は副都難波の核心をなす宮室であった。その存在意義は、古墳時代以来の難波館にみるように、外交の拠点であり、対外関係の窓口であったという難波の地の本質的な特質によるところが大きい。

とはいえ、じつは外交の表舞台として難波宮が実際に機能した機会は多くない。天平以後の新羅使のうち、『続日本紀』の入京記事から難波を往来したとわかるのは、七三二年（天平四）、七三四年（天平六）、七五二年（天平勝宝四）、七七九年（宝亀一〇）くらいである。渤海使（高麗使）は七五九年（天平宝字三）のみ、唐使も七七九年のみである。

このようにみてくると、後期難波宮の外交機能の低下が注目される。その原因は新羅との外交関係の悪化にある。先に七二二年の毛伐郡城の事件をあげたが、七三〇年代以後、対新羅関係の緊張が表面化し、『続日本紀』や新羅側の『三国史記』にその種の記事が増えてくる。新羅使の入京が少ないのは、大宰府から「放還」（追い返した）した例が多かったためであり、この時期の新羅との外交関係が悪化していることが如実にわかる。両国の外交関係は、とうとう七七九年の新羅使を最後に途絶してしまう。難波宮が外交の舞台たりうる機会がなくなったのである。こうして、外交という難波宮の重要な存在理由が失われることとなった。

七五六年（天平勝宝八）の孝謙と聖武の行幸以後、難波宮は、七七一年（宝亀二）二月に光仁天皇の行幸が記録されているが、正史にあまり登場しなくなる。

難波宮の解体

七八四年（延暦三）、桓武天皇の長岡遷都により難波宮の主要殿舎は解体・移建された。そのことは正史には出てこないが、長岡宮の大極殿・朝堂院の瓦の大部分が後期難波宮の瓦であること、大極殿と大極殿後殿が工字形につながる形式や朝堂院の八堂形式などが難波宮と同じであること、さらに平城宮の解体が七九一年（延暦一〇）まで降ることなどからわかる。

桓武は遷都を嫌う貴族らに配慮して平城宮には手をつけず、穏便かつ迅速に長岡宮を建設するために、まず存在理由を失った難波宮を移建したわけである。

そして、七九三年（延暦一二）の太政官符は、「難波大宮すでに停む。宜しく職の名を改め、国と為せ」（『類聚三代格』）との勅を伝え、摂津職が摂津国へと格下げされたことを伝えている。「職」とは平城京左京職のような特別行政区のことで、それが廃され、普通の国にされたわけである。かくして難波宮の歴史は幕を閉じたのである。

その後の難波は、北方の難波津を核とする経済都市、南方の四天王寺を中心とする宗教都市へと、しだいに中世社会への変貌をとげていくこととなる。

第５章　現代に生きる難波宮

大阪中心部で最大規模の緑の公園

大阪の中心部、上町台地の北端には、古代の難波宮をはじめ、中世の本願寺、近世の豊臣氏大坂城、徳川氏大坂城ときわめて重要な遺跡が集中している。一方、この地は、地下鉄谷町線・中央線や、中央大通り・本町通り・上町筋、そして阪神高速東大阪線などの幹線道路が縦横に走る現代の要衝の地である。そんな土地でありながら、ここには大阪市で最大規模の緑の公園がある。大阪城公園と難波宮跡公園である。

大阪城公園は特別史跡大阪城の公園として、面積一〇五・六ヘクタールと巨大だが、近代では陸軍の敷地であり、戦後もそのまま保存されてきた地域である。それに対して難波宮跡公園は近世には武家屋敷となり、陸軍の敷地をへて戦後は公有地となり、官庁街を形成していた。そのため、一九六〇年代の高度成長期には行政による開発がつぎつぎと計画されてきた。難波宮の史跡指定は、こうした開発計画に対する遺跡保存運動の結果、実現したものである。

その面積は七次にわたる史跡指定により、いまでは一四・五ヘクタール（甲子園球場グラウンドの一〇倍）となった。大阪平野でもっとも高い上町台地の北端という一等地に、近世以来四〇〇年余におよぶ都市開発から離脱した大きな空間が生まれたことの意義は、歴史的環境の保全にとどまらず、都市基盤の環境整備という点でも、ことのほか大きい。

難波宮保存運動の展開

後期難波宮の大極殿が発見された翌年の一九六二年、まさにその大極殿の場所に国の合同庁舎の建設計画がもちあがった。大阪市が国の史跡に指定する準備を進めていた矢先の、突然の話であった。市は建設地の変更を要請する。市民・研究者側からは保存運動が起こり、山根徳太郎はその先頭で奔走する。同年一〇月には難波宮跡の保存を要望する七大学（京都大・大阪大・大阪府立大・大阪市立大・関西大・同志社大・立命館大）の学長・元学長八名による声明文が公表された。その結果、大極殿跡は保存されることとなり、一九六四年に一万七五〇〇平方メートルが史跡に指定された。大極殿の発見があと一年遅れていたら、はたしてどうなったことか。このとき直木孝次郎を代表とする「難波宮址を守る会」が発足し、以後の市民運動を引っ張ることとなった。

翌一九六五年には、史跡指定地のすぐ南側に大阪府立大手前整肢学院の建設計画が出される。敷地は西に変更され、変更地内の緊急調査がおこなわれたが、そこにも前期難波宮朝堂院の遺構が良好に残っていたため、再三、保存運動側から計画の変更が訴えられた。

結局、整肢学院は建設されたが、地方自治法にもとづく初の住民監査請求が提起されたこともあり、前期難波宮の重要遺構は地下に保存された。この「開発しつつ遺跡を残す」という方式は、当時においては不十分な妥協の産物だったかもしれないが、建設された建物はその後の老朽化に際して現地での建て替えができず、すでにこの施設はよそへ転出している。長い目でみると間違った選択ではなかったわけである。

一九六六年には、中央大通の真上に阪神高速東大阪線の建設工事が計画決定された。難波宮の中心部を横切る計画であったため、大きな反対運動が起こり、代替案が決着したのは一九七四年であった。一九六七年から中央大通りのど真ん中ではじまった発掘調査では、前期難波宮の正殿である内裏前殿の様子が判明するなどの大きな成果があったにもかかわらず、遺構面を砂で覆い、高速道路はそこだけ地上に降ろして開通することとなった。

一九六八年、今度は朝堂院の東方に大阪市が中央青年センターの建設を計画した。発掘調査により難波宮の官衙と難波宮下層遺跡の建物群が発見されたため、建設中止、遺跡保存の運動が大きく展開され、報道もされた。八〇歳に達していた山根は「保存のためなら命をかけ

図52●難波宮跡公園現況（東南から）
右手に復元大極殿基壇がみえる。手前の空き地は1953年前後に建てられた住宅団地の跡地。老朽化により撤去され、史跡地に追加指定された。

る」とまで述べている。だが翌年、難波宮の遺構を避けて工事が強行されるにおよんで、大阪市に対する住民監査請求、さらに住民訴訟にまでいたった。一九七九年に和解が成立したが、文化財訴訟の先駆であった。

この間、一九七三年七月二九日、山根死去のその翌日、文化庁が難波宮の全面保存のため、大阪市とともに民有地を買収する決定を下し、大きく報道された。

大阪歴史博物館の開館

さらに一九八五年、大阪市は難波宮跡と大阪城公園を一体的に整備し、歴史公園とする構想を公表した。これによりＮＨＫ大阪放送局は西側隣接地（当時の市立中央体育館）への移転を予定し、その敷地で発掘調査がおこなわれた。その結果、前期難波宮の倉庫群および五世紀の倉庫群（法円坂遺跡）が新たに発見され、五世紀の倉庫群がある敷地南半部は全面保存とし（図53）、北半部には難波宮の遺構を保存しつつＮＨＫを移転し、難波宮のサイトミュージアムとしての「考古資料センター」を建設することになった。その後、「考古資料センター」は旧大阪市立博物館と合体し、ＮＨＫの新館とともに大阪歴史博物館が二〇〇一年に開館、いまにいたっている。

図53 ● 法円坂遺跡の地上復元
難波宮の一角にある法円坂遺跡では、地下に保存された5世紀の倉庫群の柱跡が全部、地面に原位置で表示されている。このうちの一棟が図12の復元建物。

このように難波宮は幾多の危機に直面しつつ、その遺跡を現代に伝え、よみがえらせてきた。「開発か保存か」ではなく、「開発と保存の両立」という課題に悩み、苦しんだ先学や関係者も少なくないはずである。難波宮跡公園は、まさにその賜物《たまもの》なのである。

歴史遺産の活用

市民の活動も見逃せない。難波宮址を守る会による定期的な講演会など息の長い活動はすでに半世紀を越え、世代交代しながら継続されている。

近年の新しい動向として注目されるのは、「難波宮フェスタ」（図54）と「なにわの宮リレーウォーク」である。難波宮ファンを自認する市民らを核として二〇〇七年にはじまった難波宮フェスタは、山根徳太郎の命日七・二八日を「なにわの日」とし、難波宮についての講演会や各種ワークショップ、伝統芸能からダンスにいたる多様な市民グループが集合する「なにわのお祭り」を開いている。二〇一一年に始まった「なにわの宮リレーウォーク」は、大阪市内各区の歴史愛好ボランティアたちが大連合し、難波宮跡公園をゴールとして市内各地の史跡などを訪ねるウォーキングである。いずれ

図54●難波宮フェスタ
山根徳太郎の命日である7月28日（「なにわ」の日）、大阪歴史博物館を中心に繰り広げられる。

もまったく新しいスタイルの市民活動である。

博物館や研究所などの専門的機関と幅広い歴史好きの市民らが、協同してひとつの輪をつくり、難波宮をアピールしていくことは、古代の難波を未来の大阪に伝えることであり、歴史遺産の活用と、大阪の「文化力」を高めていくための理想的な姿ではないだろうか。

「近未来」にそなえて

二〇一四年、難波宮の発掘調査が始まって六〇周年を迎えた。その間、法円坂一帯の風景は激変したが、史跡公園の景観を大きく損ねている阪神高速東大阪線、難波宮の宮域内に建つ大阪歴史博物館やＮＨＫの建物は、いずれ間違いなく老朽化する。そのとき、これらの建造物のゆくえはどうなるのだろうか。また研究者や市民らは、どのように考え、どう行動すべきなのだろうか。難波宮の保存という課題は終わることがないのである。

いま、大阪歴史博物館の一〇階古代フロアでは、大阪の偉人・山根徳太郎の胸像が難波宮跡公園を静かに見下ろしている（図55）。没後四〇年を経てなお、近未来に予想される「そのとき」に備えているかのようである。

図55 ● 大阪歴史博物館・山根徳太郎の展示コーナー
館内のお客さんに背を向けて山根の胸像が難波宮跡公園をみおろしている。山根なくしてこの公園も博物館もありえなかった。

参考文献

市　大樹　二〇一四「難波長柄豊碕宮の造営過程」『交錯する知―衣装・信仰・女性―』思文閣出版
植木　久　二〇〇九『難波宮跡』同成社
小笠原好彦　一九九五『難波京の風景―人物と史跡でたどる大阪のルーツ』文英堂
小笠原好彦　二〇一二『聖武天皇が造った都　難波宮・恭仁宮・紫香楽宮』吉川弘文館
栄原永遠男　二〇一一『万葉歌木簡を追う』和泉書院
栄原永遠男・仁木宏編　二〇〇六『難波宮から大坂へ』和泉書院
佐藤　隆　二〇一〇「後期難波宮の造営過程と〝副都説〟の再検討」『条里制・古代都市研究』第二五号、条里制・古代都市研究会
白石太一郎　二〇一三「前期難波宮整地層の土器の暦年代をめぐって」『大阪府立近つ飛鳥博物館　館報』一六号
積山　洋　二〇一三『古代の都城と東アジア―大極殿と難波京―』清文堂
寺井　誠　二〇一三「難波における百済・新羅土器の搬入とその史的背景」『共同研究成果報告書』七、大阪歴史博物館
直木孝次郎・中尾芳治編　二〇〇三『シンポジウム　古代の難波と難波宮』学生社
直木孝次郎　一九九四『難波宮と難波津の研究』吉川弘文館
直木孝次郎編　一九九二『古代を考える　難波』吉川弘文館
直木孝次郎・小笠原好彦　一九九一『クラと古代王権』ミネルヴァ書房
中尾芳治　一九八六『難波京』ニュー・サイエンス社
中尾芳治　一九九五『難波宮の研究』吉川弘文館
難波宮址を守る会編　一九七七『難波宮と日本古代国家』塙書房
難波宮跡訴訟記録保存会編　一九八〇『難波宮跡の保存と裁判』第一法規出版
林部　均　二〇〇一『古代宮都形成過程の研究』青木書店
古市　晃　二〇〇九『日本古代王権の支配論理』塙書房
湊　哲夫　二〇一三「前期難波宮跡の成立年代」『立命館大学考古学論集』Ⅵ、立命館大学考古学論集刊行会

山根徳太郎　一九六四『難波の宮』学生社〔新装版　二〇〇二〕
吉川真司　一九九七「難波長柄豊碕宮の歴史的位置」『日本国家の史的特質　古代・中世』思文閣出版
吉田　晶　一九八二『古代の難波』教育社歴史新書

写真所蔵（提供）

公益財団法人大阪市博物館協会大阪文化財研究所：図1・3・4（右）・5〔中尾芳治撮影〕・6・7・9・11・13〔植木久画〕・15（右）・17・22・24・25・27・30〜33・37・41〜43・46・47・49・51／大阪歴史博物館：図29・44／大阪市教育委員会：図20（下）・39／大庭重信：図16／浜田容子：図54

図版出典（適宜、加除修正した）

図2：国土地理院五万分一地形図「大阪東北部」「大阪東南部」／図8：難波宮祉顕彰会編一九六四『難波宮址の研究』第五—一／図10：日下雅義一九九一『古代景観の復原』中央公論社／図14・28：大阪市文化財協会一九九二『難波宮址の研究』第九／図15（左）：四天王寺文化財管理室一九八六『四天王寺古瓦聚成』柏書房／図18：森公章二〇〇六『東アジアの動乱と倭国』戦争の日本史1、吉川弘文館／図19・20（上）：大阪歴史博物館二〇一四『特別展　大阪遺産　難波宮』〔図録〕／図21：大阪市文化財協会一九八一『難波宮址の研究』第七／図26：高橋工二〇〇八「前期難波宮東方官衙の復元」『難波宮址の研究』第一五、大阪市文化財協会／図34：大阪府文化財調査研究センター二〇〇二『大坂城址』Ⅱ／図35〔地形復元図〕：寺井誠二〇〇四「難波宮成立期における土地開発」『難波宮址の研究』第一二／図40・48：『大阪歴史博物館　共同研究成果報告書』七／図50：趙哲斉・市川創・高橋工・小倉徹也・平田洋司・松田順一郎・辻本裕也二〇一四「上町台地とその周辺低地における地形と古地理変遷の概要」『大阪上町台地の総合的研究—東アジアにおける都市の誕生・成長・再生の一類型』（科研報告書）

右記以外は著者〔図4（左）・45・55は大阪歴史博物館掲載許可〕

難波宮跡公園

・大阪市中央区法円坂1
・電話　06（6943）6836
（難波宮調査事務所）
・入場料　無料
・交通　地下鉄谷町線・中央線「谷町四丁目」駅すぐ、JR大阪環状線「森ノ宮」駅より徒歩10分

難波宮跡公園。中央後方は二上山

法円坂一帯の難波宮跡の中心部とされる約一四万五〇〇〇平方メートルあまりの範囲が国の史跡に指定され、史跡公園として整備がすすめられている。前期難波宮の中心部を赤いタイル・御影石・生け垣で表示し、後期難波宮の中心部を石造りで一段高くして表示し、さらに大極殿基壇を復元してある。

大阪歴史博物館

・大阪市中央区大手前4—1—32
・電話　06（6946）5728
・開館時間　9：30〜17：00（金曜日は20：00まで、入館は閉館の30分前まで）
・入館料　大人600円、高校生・大学生400円、中学生以下無料
・休館日　火曜日（祝日の場合は翌日）、年末年始（12月28日〜1月4日）
・交通　地下鉄谷町線・中央線「谷町四丁目」駅2号・9号出口、大阪市営バス「馬場町」バス停前

古代から現代までの「都市大阪のあゆみ」を常設展示する。その中の「古代」コーナーで、前期難波宮・後期難波宮の出土遺物と復元模型を展示するとともに、後期難波宮の大極殿内部のようすを原寸大で復元してみせる。

敷地内の発掘調査でみつかった遺構は埋め戻して保存されており、一部は掘り出したままの状態でみることができる。これらの遺構の無料見学ツアーや、時間限定で隣接した復元倉庫（古墳時代）の公開もおこなっている。

中央の建物が博物館（高さ約80m）。左後方はNHK大阪放送局。手前は難波宮跡公園の後期難波宮大極殿復元基壇

刊行にあたって

「遺跡には感動がある」。これが本企画のキーワードです。

あらためていうまでもなく、専門の研究者にとっては遺跡の発掘こそ考古学の基礎をなす基本的な手段です。また、はじめて考古学を学ぶ若い学生や一般の人びとにとって「遺跡は教室」です。

日本考古学では、もうかなり長期間にわたって、発掘・発見ブームが続いています。そして、毎年厖大な数の発掘調査報告書が、主として開発のための事前発掘を担当する埋蔵文化財行政機関や地方自治体などによって刊行されています。そこには専門研究者でさえ完全には把握できないほどの情報や記録が満ちあふれています。しかし、その遺跡の発掘によってどんな学問的成果が得られたのか、その遺跡やそこから出た文化財が古い時代の歴史を知るためにいかなる意義をもつのかなどといった点を、莫大な記述・記録の中から読みとることははなはだ困難です。ましてや、考古学に関心をもつ一般の社会人にとっては、刊行部数が少なく、数があっても高価なその報告書を手にすることすら、ほとんど困難といってよい状況です。

いま日本考古学は過多ともいえる資料と情報量の中で、考古学とはどんな学問か、また遺跡の発掘から何を求め、何を明らかにすべきかといった「哲学」と「指針」が必要な時期にいたっていると認識します。

本企画は「遺跡には感動がある」をキーワードとして、発掘の原点から考古学の本質を問い続ける試みとして、日本考古学が存続する限り、永く継続すべき企画と決意しています。いまや、考古学にすべての人びとの感動を引きつけることが、日本考古学の存立基盤を固めるために、欠かせない努力目標の一つです。必ずや研究者のみならず、多くの市民の共感をいただけるものと信じて疑いません。

監　修　戸沢　充則

編集委員　勅使河原彰　小野　昭
小野　正敏　石川日出志
小澤　毅　佐々木憲一

著者紹介

積山　洋（せきやま・ひろし）

1953年、大阪府旧枚岡市（現東大阪市）生まれ。

大阪市立大学文学部史学地理学科卒業。

財団法人大阪市文化財協会調査員、同難波宮調査事務所長、同長原調査事務所長、大阪歴史博物館企画広報課長代理、学芸課長代理をへて、2014年、退職。

現在、公益財団法人大阪市博物館協会大阪文化財研究所学芸員。

博士（文学）。

主要著作　『古代の都城と東アジア―大極殿と難波京―』（清文堂）、「塩業と漁業」『講座日本の考古学　第8巻　古墳時代（下）』（青木書店）、Changes in the perception of cattle and horses in Japanese ancient society, Coexistence and Cultural Transmission in East Asia, Left Coast Press（米国）、「牛馬観の変遷と日本古代都城」『古代文化』第59巻第1号（古代学協会）ほか。

シリーズ「遺跡を学ぶ」095

東アジアに開かれた古代王宮・難波宮《なにわのみや》

2014年　8月15日　第1版第1刷発行

著　者＝積山　洋

発行者＝株式会社　新　泉　社
東京都文京区本郷2－5－12
TEL 03（3815）1662 ／ FAX 03（3815）1422
印刷／三秀舎　製本／榎本製本

ISBN978－4－7877－1335－3　C1021

シリーズ「遺跡を学ぶ」

A5判／96頁／定価各1500円＋税

●第Ⅰ期（全31冊完結・セット函入 46500円＋税）

01 北辺の海の民・モヨロ貝塚　米村 衛
02 天下布武の城・安土城　木戸雅寿
03 古墳時代の地域社会復元・三ツ寺Ⅰ遺跡　若狭 徹
04 原始集落を掘る・尖石遺跡　勅使河原彰
05 世界をリードした磁器窯・肥前窯　大橋康二
06 五千年におよぶムラ・平出遺跡　小林康男
07 豊饒の海の縄文文化・曽畑貝塚　木﨑康弘
08 未盗掘石室の発見・雪野山古墳　佐々木憲一
09 氷河期を生き抜いた狩人・矢出川遺跡　堤 隆
10 描かれた黄泉の世界・王塚古墳　柳沢一男
11 江戸のミクロコスモス・加賀藩江戸屋敷　追川吉生
12 北の黒曜石の道・白滝遺跡群　木村英明
13 古代祭祀とシルクロードの終着地・沖ノ島　弓場紀知
14 黒潮を渡った黒曜石・見高段間遺跡　池谷信之
15 縄文のイエとムラの風景・御所野遺跡　高田和徳
16 鉄剣銘一一五文字の謎に迫る・埼玉古墳群　高橋一夫
17 石にこめた縄文人の祈り・大湯環状列石　秋元信夫
18 土器製塩の島・喜兵衛島製塩遺跡と古墳　近藤義郎
19 縄文の社会構造をのぞく・姥山貝塚　堀越正行
20 大仏造立の都・紫香楽宮　小笠原好彦
21 律令国家の対蝦夷政策・相馬の製鉄遺跡群　飯村 均
22 筑紫政権からヤマト政権へ・豊前石塚山古墳　長嶺正秀
23 弥生実年代と都市論のゆくえ・池上曽根遺跡　秋山浩三
24 最古の王墓・吉武高木遺跡　常松幹雄
25 石槍革命・八風山遺跡群　須藤隆司
26 大和葛城の大古墳群・馬見古墳群　河上邦彦
27 南九州に栄えた縄文文化・上野原遺跡　新東晃一
28 泉北丘陵に広がる須恵器窯・陶邑遺跡群　中村 浩
29 東北古墳研究の原点・会津大塚山古墳　辻 秀人
30 赤城山麓の三万年前のムラ・下触牛伏遺跡　小菅将夫
別01 黒耀石の原産地を探る・鷹山遺跡群　黒耀石体験ミュージアム

●第Ⅱ期（全20冊完結・セット函入 30000円＋税）

31 日本考古学の原点・大森貝塚　加藤 緑
32 斑鳩に眠る二人の貴公子・藤ノ木古墳　前園実知雄
33 聖なる水の祀りと古代王権・天白磐座遺跡　辰巳和弘
34 吉備の弥生大首長墓・楯築弥生墳丘墓　福本 明
35 最初の巨大古墳・箸墓古墳　清水眞一
36 中国山地の縄文文化・帝釈峡遺跡群　河瀨正利
37 縄文文化の起源をさぐる・小瀬ヶ沢・室谷洞窟　小熊博史
38 世界航路へ誘う港市・長崎・平戸　川口洋平
39 武田軍団を支えた甲州金・湯之奥金山　谷口一夫
40 中世瀬戸内の港町・草戸千軒町遺跡　鈴木康之
41 松島湾の縄文カレンダー・里浜貝塚　会田容弘
42 地域考古学の原点・月の輪古墳　近藤義郎・中村常定
43 天下統一の城・大坂城　中村博司
44 東山道の峠の祭祀・神坂峠遺跡　市澤英利
45 霞ヶ浦の縄文景観・陸平貝塚　中村哲也
46 律令体制を支えた地方官衙・弥勒寺遺跡群　田中弘志
47 戦争遺跡の発掘・陸軍前橋飛行場　菊池 実
48 最古の農村・板付遺跡　山崎純男
49 ヤマトの王墓・桜井茶臼山古墳・メスリ山古墳　千賀 久
50 「弥生時代」の発見・弥生町遺跡　石川日出志

●第Ⅲ期（全26冊完結・セット函入 39000円＋税）

51 邪馬台国の候補地・纒向遺跡　石野博信
52 鎮護国家の大伽藍・武蔵国分寺　福田信夫
53 古代出雲の原像をさぐる・加茂岩倉遺跡　田中義昭
54 縄文人を描いた土器・和台遺跡　新井達哉
55 古墳時代のシンボル・仁徳陵古墳　一瀬和夫
56 大友宗麟の戦国都市・豊後府内　玉永光洋・坂本嘉弘
57 東京下町に眠る戦国の城・葛西城　谷口 榮
58 伊勢神宮に仕える皇女・斎宮跡　駒田利治
59 武蔵野に残る旧石器人の足跡・砂川遺跡　野口 淳
60 南国土佐から問う弥生時代像・田村遺跡　出原恵三
61 中世日本最大の貿易都市・博多遺跡群　大庭康時
62 縄文の漆の里・下宅部遺跡　千葉敏朗
63 東国大豪族の威勢・大室古墳群（群馬）　前原 豊
64 新しい旧石器研究の出発点・野川遺跡　小田静夫
65 旧石器人の遊動と植民・恩原遺跡群　稲田孝司
66 古代東北統治の拠点・多賀城　進藤秋輝
67 藤原仲麻呂がつくった壮麗な国庁・近江国府　平井美典
68 列島始原の人類に迫る熊本の石器・沈目遺跡　木﨑康弘
69 奈良時代からつづく信濃の村・吉田川西遺跡　原 明芳
70 縄紋文化のはじまり・上黒岩岩陰遺跡　小林謙一
71 国宝土偶「縄文ビーナス」の誕生・棚畑遺跡　鵜飼幸雄
72 鎌倉幕府草創の地・伊豆韮山の中世遺跡群　池谷初恵
73 東日本最大級の埴輪工房・生出塚埴輪窯　高田大輔
74 北の縄文人の祭儀場・キウス周堤墓群　大谷敏三
75 浅間山大噴火の爪痕・天明三年浅間災害遺跡　関 俊明
別02 ビジュアル版旧石器時代ガイドブック　堤 隆

●第Ⅳ期 好評刊行中

76 遠の朝廷・大宰府　杉原敏之
77 よみがえる大王墓・今城塚古墳　森田克行
78 信州の縄文早期の世界・栃原岩陰遺跡　藤森英二
79 葛城の王都・南郷遺跡群　坂 靖・青柳泰介
80 房総の縄文大貝塚・西広貝塚　忍澤成視
81 前期古墳解明への道標・紫金山古墳　阪口英毅
82 古代東国仏教の中心寺院・下野薬師寺　須田 勉
83 北の縄文鉱山・上岩川遺跡群　吉川耕太郎
84 斉明天皇の石湯行宮か・久米官衙遺跡群　橋本雄一
85 奇異荘厳の白鳳寺院・山田寺　箱崎和久
86 京都盆地の縄文世界・北白川遺跡群　千葉 豊
87 北陸の縄文世界・御経塚遺跡　布尾和史
88 東西弥生文化の結節点・朝日遺跡　原田 幹
89 狩猟採集民のコスモロジー・神子柴遺跡　堤 隆
90 銀鉱山王国・石見銀山　遠藤浩巳
91 「倭国乱」と高地性集落論・観音寺山遺跡　若林邦彦
92 奈良大和高原の縄文文化・大川遺跡　松田真一
93 ヤマト政権の一大勢力・佐紀古墳群　今尾文昭
94 筑紫君磐井と「磐井の乱」・岩戸山古墳　柳沢一男
95 東アジアに開かれた古代王宮・難波宮　積山 洋
別03 ビジュアル版縄文時代ガイドブック　勅使河原彰
別04 ビジュアル版古墳時代ガイドブック　若狭 徹